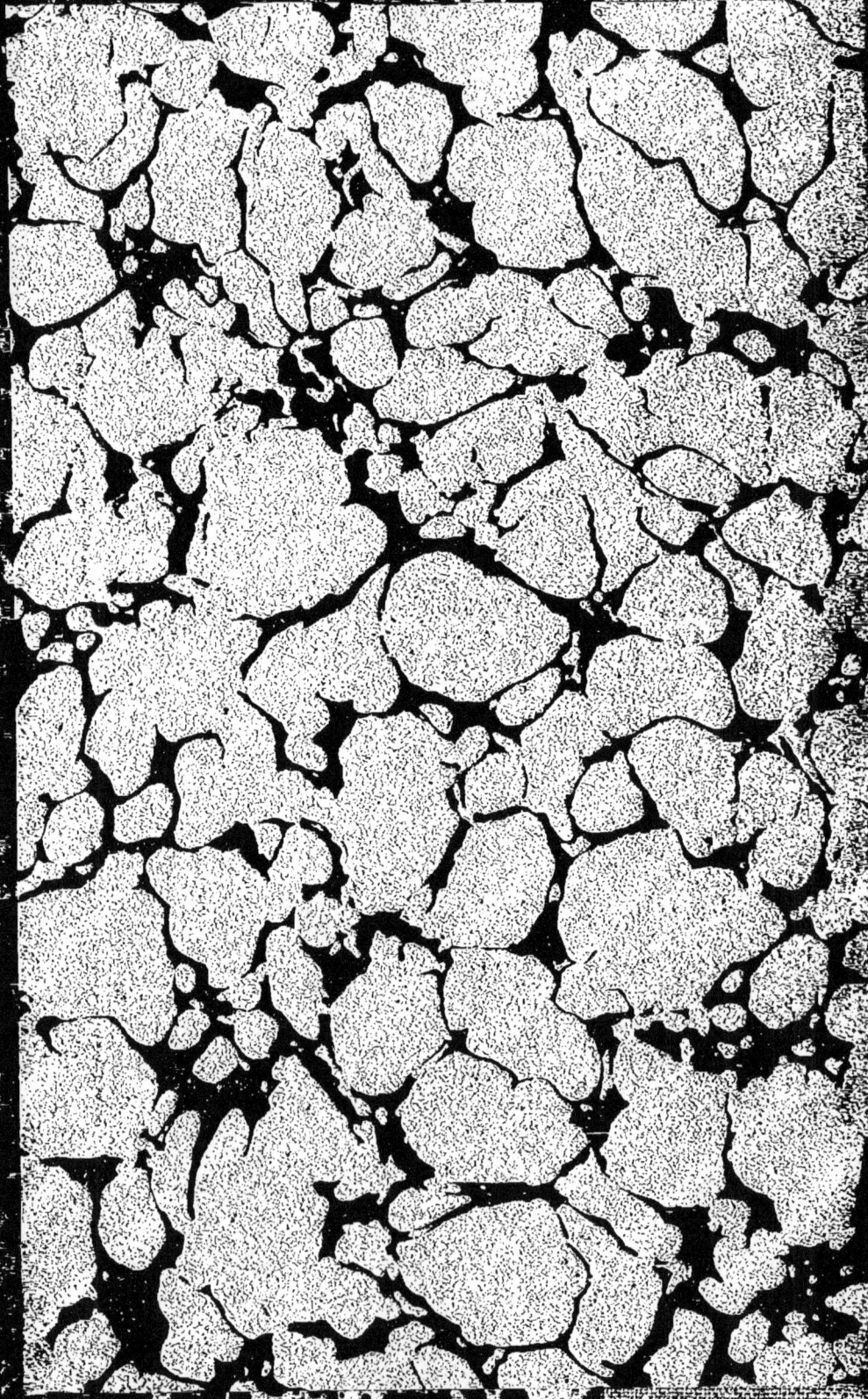

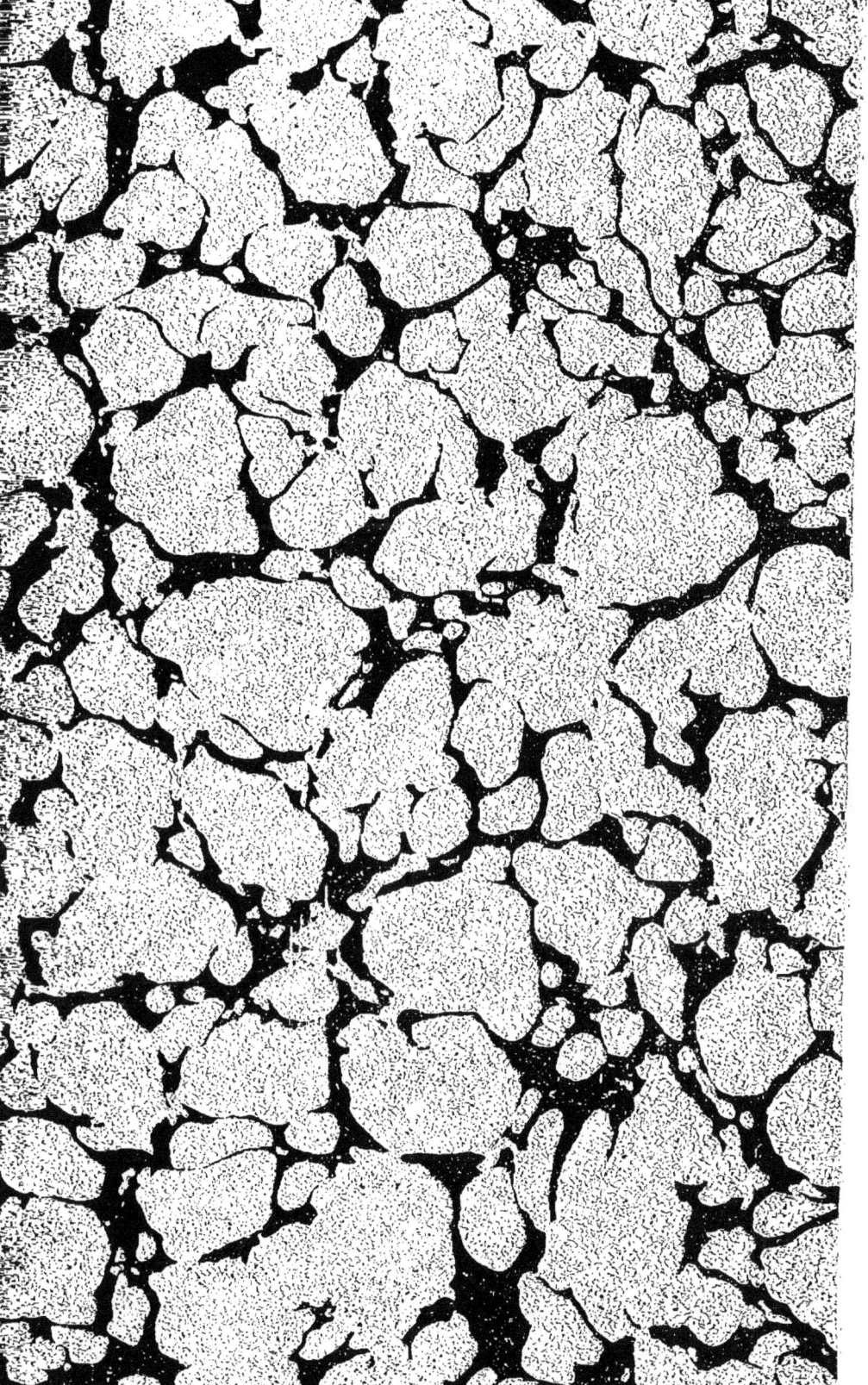

Commandant MORDACQ
Breveté d'État-Major

LA
GUERRE AU MAROC

Enseignements tactiques
des deux guerres franco-marocaine (1844)
et hispano-marocaine (1859-1860)

AVEC 7 CROQUIS DANS LE TEXTE ET 3 GRAVURES HORS TEXTE

DEUXIÈME ÉDITION

PARIS
Henri CHARLES-LAVAUZELLE
Éditeur militaire
10, Rue Danton, Boulevard Saint-Germain, 118

(MÊME MAISON A LIMOGES)

LA
GUERRE AU MAROC

DROITS DE REPRODUCTION ET DE TRADUCTION RÉSERVÉS

Maréchal BUGEAUD

COMMANDANT **MORDACQ**

Breveté d'État-Major

LA
GUERRE AU MAROC

Enseignements tactiques
des deux guerres franco-marocaine (1844)
et hispano-marocaine (1859-1860)

AVEC 7 CROQUIS DANS LE TEXTE ET 3 GRAVURES HORS TEXTE

DEUXIÈME ÉDITION

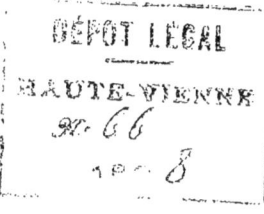

PARIS
Henri CHARLES-LAVAUZELLE
Éditeur militaire
10, Rue Danton, Boulevard Saint-Germain, 118

(MÊME MAISON A LIMOGES)

HOMMAGE

A

l'Armée d'Afrique

DOCUMENTS CONSULTÉS

Archives de la guerre : Correspondance et rapports du maréchal Bugeaud (année 1843-1844).
Journal de marche des opérations contre le Maroc (1844).
Journaux de marche de : Rohlfs (Reise durch Marocco), Foucault-Colville (A ride in Micoats and slippers (1881), La Martinière.
Bulletin des Sociétés de géographie d'Oran et de Paris.
Revues militaires espagnoles.
Revue des Deux Mondes.
Journal des Sciences militaires.
Le Spectateur militaire.
Le Maroc moderne (Jules Erckmann).
Géographie du Maroc (Elisée Reclus).
La guerre du Maroc (Osiris).
Espagne et Maroc (Chauchard).
Recuerdos de la campaña de Africa, par don Nunez d'Arce.
Diario de un testigo de la guerra de Africa, par Alarcon.
Der spanisch-marokanische Krieg in den Jahren 1859 und 1860 (Schlagintweit).
Trente-deux ans à travers l'Islam (Léon Roches).
Les Espagnols au Maroc (de Lavigne).
Tétuan (Archives marocaines, Joly).
Sous la tente (Yriarte).

PRÉFACE [1]

La question du Maroc qui, il y a quelques mois encore, se présentait, à tous points de vue, sous une forme si complexe, si délicate, paraît être maintenant, en principe, à peu près résolue.

A la suite de l'accord récemment conclu avec l'Angleterre, la France semble enfin avoir reçu de l'Europe la mission de faire cesser l'état d'anarchie qui règne dans l'empire du Maghreb. Belle tâche sans doute de conquérir à la civilisation un pays aussi beau, aussi riche et aussi peuplé que le Maroc !

Et la France a répondu à cette marque de confiance en affirmant hautement et sincèrement sa ferme intention d'agir avant tout *pacifiquement*.

On ne saurait trop applaudir à une pareille déclaration; mais, dans les questions coloniales, la réussite dépend presque uniquement de la préparation. Là, plus que partout ailleurs, il faut tout prévoir, ne rien laisser au hasard, envisager minutieusement toutes les éventualités.

Il y a donc lieu de se demander, étant donné le tem-

---

[1] Ecrite en 1904. — Les événements récents, et en particulier l'incident franco-marocain, ont montré que nous n'avions peut-être pas tout à fait tort de faire certaines réserves au sujet des résultats pratiques de l'accord franco-anglais.

pérament fanatique et belliqueux des populations qui habitent le Maroc, si, par suite de circonstances imprévues, nous ne serons pas obligés un jour ou l'autre de faire parler la poudre.

Il faut espérer que, grâce à l'expérience acquise dans nos expéditions lointaines, et qui nous a donné, enfin, une méthode coloniale, une telle hypothèse ne se réalisera pas. Il n'en est pas moins prudent tout au moins de l'envisager, afin que, le cas échéant, nous ne soyons pas pris au dépourvu. Le vieil adage latin « si vis pacem para bellum » reçoit là encore, et une fois de plus, son application.

Voilà pourquoi nous avons cherché à nous rendre compte comment pouvait et devait être conduite une expédition militaire dans l'empire du Maghreb. Pour ce faire, nous avons recouru à la méthode classique, employée actuellement à l'Ecole de guerre, et qui consiste à demander aux campagnes du passé les enseignements pour celles de l'avenir.

Il est bien certain, en effet, que si, depuis que les hommes se livrent à la guerre, l'armement a subi de nombreuses modifications, les grands principes stratégiques et tactiques sont par contre restés immuables.

Nous avons donc cherché si l'histoire, là encore, ne pourrait pas nous fournir de précieux enseignements sur les procédés de combat des Marocains et les moyens à mettre en œuvre pour vaincre leur résistance.

Or, sans remonter aux nombreuses luttes que les habitants du Maghreb eurent à soutenir aux XVIe, XVIIe et XVIIIe siècles contre les Portugais et les Espagnols, les deux dernières guerres qui mirent en présence les

Européens et les Marocains, celle de 1844 (France et Maroc) et de 1859-1860 (Espagne et Maroc) nous ont semblé pouvoir fournir les enseignements les plus utiles. C'est ce qui nous a décidé à en entreprendre l'étude.

Nous ne ferons qu'effleurer toutefois la guerre franco-marocaine de 1844, qui est généralement assez connue. D'autre part, cette campagne du maréchal Bugeaud, terminée si brillamment par la bataille d'Isly, fut si courte qu'elle ne présente, au point de vue didactique, à côté de celle de 1859-1860, qu'un intérêt relatif.

On ne saurait oublier, d'ailleurs, qu'en 1844 le maréchal Bugeaud n'a pour ainsi dire pas pénétré au Maroc, qu'il n'a eu affaire qu'à la cavalerie marocaine envoyée en toute hâte à sa rencontre, et qu'ainsi que lui-même l'écrivait quelques jours avant la bataille d'Isly, il lui eût fallu « des moyens tout autres pour pénétrer au Maroc (1) ». Nous avons tenu néanmoins à exposer cette campagne parce qu'elle a donné l'occasion au maréchal de mettre en lumière, et cela pratiquement, certains principes tactiques absolument fondamentaux pour la conduite de la guerre en Afrique, donc indispensables à connaître.

La guerre hispano-marocaine de 1859-1860, quoique

---

(1) Lettre du maréchal Bugeaud au prince de Joinville, le 3 juillet 1844 :
« Mais si nous ne pouvons obtenir une bonne paix par les attaques de mer, il faudra bien se décider à faire quelque chose de plus sérieux en allant à Fez, qui est la plus grande et la plus riche ville de l'empire. On peut y aller avec 15.000 à 20.000 hommes d'infanterie, 3 régiments de cavalerie d'Afrique, une vingtaine de bouches à feu bien approvisionnées et des moyens suffisants pour transporter des vivres pour un mois (200 à 300 voitures, 3.000 bêtes de somme), etc... »

généralement assez peu connue, est plus suggestive, plus intéressante à tous points de vue; aussi l'avons-nous étudiée tout à fait en détail. Elle semble donner une idée assez exacte de la façon dont une troupe européenne, comprenant les trois armes et de gros effectifs, aurait à vivre, à marcher, stationner et combattre en pays marocain.

Les Espagnols, dans cette campagne, engagèrent près de 55.000 soldats, auxquels le Sultan opposa 40.000 à 45.000 hommes, fantassins ou cavaliers, ces derniers toutefois en nombre assez restreint.

Le corps expéditionnaire espagnol séjourna cinq mois dans l'empire du Maghreb, semblant vouloir mener tout à fait une guerre de conquête, livrant de véritables batailles rangées, où des deux côtés l'acharnement fut extrême et les pertes considérables (1).

Les difficultés que rencontra le général espagnol O'Donnel, qui dirigea cette campagne, furent énormes, surtout au point de vue des transports et du climat, et — il faut le reconnaître aussi — au point de vue des adversaires. Le général O'Donnel ne fut peut-être pas toujours très heureux dans les moyens choisis pour en venir à bout, mais il y a lieu de remarquer qu'une expédition d'une telle envergure était toute nouvelle pour l'Espagne.

Etant donnés les enseignements fournis par cette

---

(1) Dans le cours de cette guerre, les Espagnols n'eurent pas moins de 636 tués et 5.862 blessés (chiffres officiels), sans compter les nombreux malades qui encombrèrent les hôpitaux de Malaga, Cadix, Algésiras et Ceuta : le choléra seul en fournit près de 10.000.

campagne, il ne serait plus permis maintenant de tomber dans les mêmes fautes, et c'est en quoi cette guerre de 1859-1860 est des plus instructives.

Nous ajouterons encore que les deux guerres que nous allons étudier (1844 et 1859) se complètent pour ainsi dire mutuellement : celle de 1844 fut, en effet, conduite sur un terrain complètement découvert et donna lieu à un combat où les Marocains n'opposèrent presque que de la cavalerie ; tandis que celle de 1859-1860 se poursuivit à travers un pays des plus difficiles, particulièrement couvert et accidenté, et où naturellement les Marocains n'engagèrent presque uniquement que de l'infanterie.

Enfin, étant données les nombreuses erreurs que l'on est sujet à commettre toutes les fois que l'on aborde l'histoire, nous avons cru qu'il était rationnel d'opposer au récit européen de chacune de ces guerres la relation marocaine.

C'est là, à notre avis, un moyen de contrôle qui ne doit pas être négligé. Il permet, de plus, de se rendre compte comment chaque peuple « interprète les événements », et ce n'est pas là son côté le moins intéressant.

EMPIRE DU MAGHREB

I

SITUATION POLITIQUE ET ARMÉE
EN 1844 & 1859

Il semblerait tout indiqué, avant d'entrer dans le récit de faits qui vont se dérouler en territoire marocain, de donner tout au moins une idée générale de sa configuration géographique, de sa population et de ses ressources.

Nous n'en ferons rien cependant : depuis une vingtaine d'années toutes ces questions ont été traitées par un grand nombre de géographes ou d'économistes, dont un certain nombre même ont pu parcourir l'empire du Maghreb. Tout récemment encore, à la suite de l'incident franco-marocain, les revues périodiques ont publié un grand nombre d'articles qui donnent une idée des plus exactes de la situation actuelle du Maroc.

Nous nous exposerions donc à un travail ingrat, à une véritable compilation qui, nous semble-t-il, ne présenterait aucun intérêt.

Nous préférons renvoyer à ces différentes publications, et notamment à la géographie si pittoresque, si savante et si complète d'Elisée Reclus.

Maroc et Frontière Algérienne

Échelle au = $\frac{1}{4.000.000^e}$

40 20 0 40 60 120 160 200 k

OCÉAN ATLANTIQUE

Rabat
Casablanca (Dar el Beida)
Azemmour
Mazaghan
O. oum er r...
HAO...
EL
Saffi
O. Tensift
Merakech (Maroc)
Mogador
MASSIF DU GLAOUI
Cap Guir
Agadir
O. Sous
Taroudant
SOUS
Aouguelmim
O. Noun
O. Draa
O. Draa

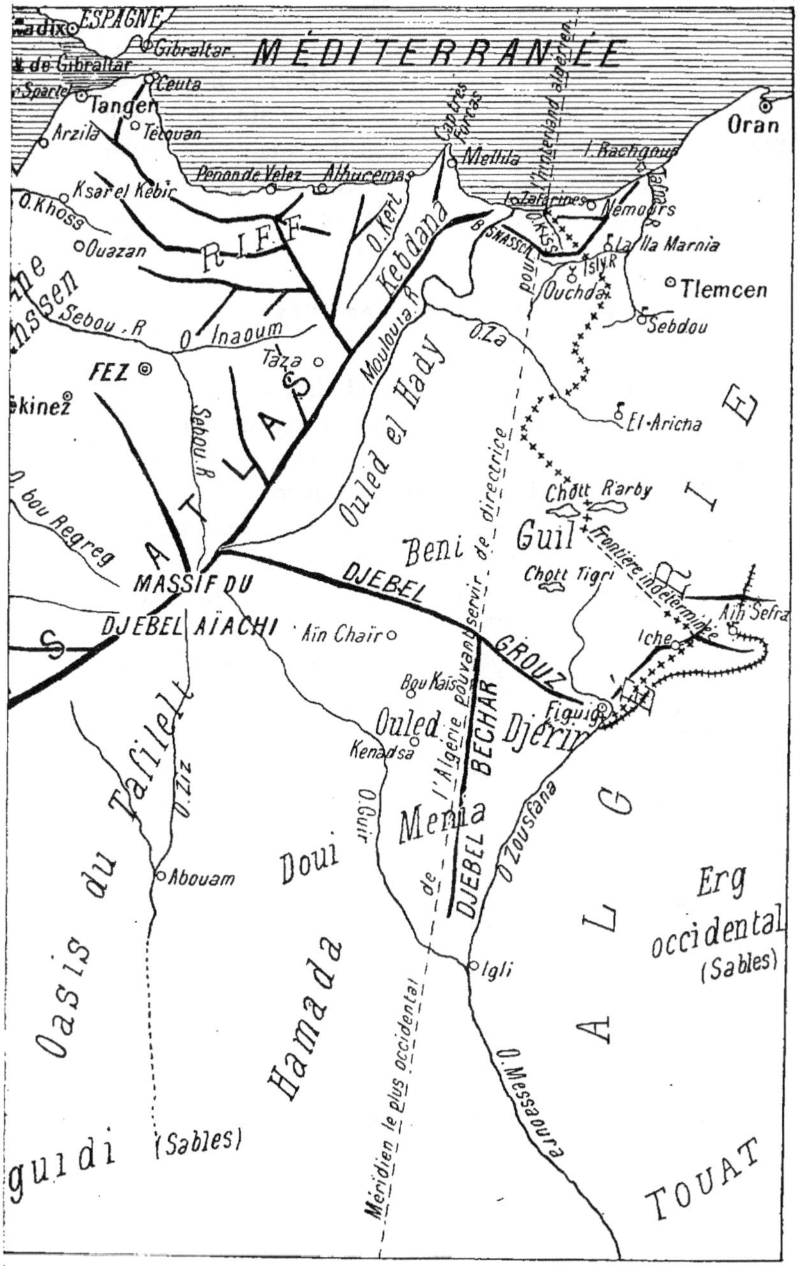
ESPAGNE
Gibraltar
MÉDITERRANÉE
de Gibraltar
Ceuta
Tanger
Arzila
Tétouan
Cap très Forcas
Mellila
Oran
Penon de Velez
Alhucemas
Ksar el Kebir
O. Khoss
Ouazan
RIFF
Kebdana
O. Kert
I. Rachgoun
I. Zafarines
Nemours
Tafna R.
B. SNASSEN
Lalla Marnia
Isly R.
Ouchda
Tlemcen
Sebou R.
O. Inaoum
Taza
Moulouia R.
O. Za
Sebdou
FEZ
Mékinez
Sebou R.
ATLAS
Ouled el Hady
El-Aricha
Chott R'arby
O. bou Regreg
Beni Guil
Frontière indéterminée
Chott Tigri
MASSIF DU DJEBEL AÏACHI
DJEBEL GROUZ
Aïn Sefra
Aïn Chaïr
Iche
Bou Kaïs
Figuig
Ouled Djerir
Kenadsa
DJEBEL BECHAR
Oasis du Tafilelt
O. Ziz
O. Guir
Menia
O. Zousfana
Abouam
Doui
Erg occidental (Sables)
Igli
Hamada
ALGÉRIE
O. Messaoura
(Sables)
TOUAT
Méridien le plus occidental de l'Algérie pouvant servir de directrice pour l'hinterland algérien

Par contre, depuis les expéditions française et espagnole (1844 et 1859), la situation politique et l'armée ayant subi dans l'empire marocain, en raison même des événements, des modifications assez profondes, nous croyons utile de faire un exposé rapide de ce qu'elles étaient à cette époque.

Situation politique en 1844.

Quand, en 1844, le sultan Abd-Er-Rhaman se décida à intervenir en faveur d'Abd-El-Kader, il ne le fit, en quelque sorte, que pour le « principe », n'ayant, en réalité, aucun intérêt à faire la guerre à la France. Néanmoins, descendant du Prophète, il ne pouvait rester sourd à l'appel du vaillant chef arabe qui, depuis plus de dix ans, avait proclamé la guerre sainte et combattait l'infidèle.

Il lui envoya donc 20.000 à 25.000 cavaliers, commandés par son fils, Sidi-Mohammed, convaincu que cet important renfort permettrait à Abd-El-Kader de reprendre la guerre dans de bonnes conditions, et surtout de quitter le Maroc, où sa présence commençait à causer quelque inquiétude.

Evidemment Abd-Er-Rhaman profita de l'occasion pour chercher à obtenir une rectification de frontière et reculer les limites de l'empire jusqu'à la Tafna ; mais certainement il ne considéra pas cette campagne comme une véritable guerre avec la France et fut loin de mettre sur pied les effectifs dont il pouvait disposer.

Les Anglais d'ailleurs qui, à ce moment-là déjà, avaient une grosse influence auprès du Sultan, lui démontrèrent, et cela assez justement, que la France avait suffisamment à faire en Algérie, dont elle occupait à peine le Tell, sans essayer encore de pénétrer au Maroc.

Voici, d'ailleurs, le texte d'une lettre trouvée dans la tente même de Sidi-Mohammed, sur le champ de bataille d'Isly, et que lui adressait son père, quelques jours avant la rencontre. Elle donne une idée assez exacte de l'état d'âme d'Abd-Er-Rhaman :

« Vous ajoutez qu'il serait honteux de faire rétrograder cette splendide armée sur Taza, sans avoir remporté une victoire sur les Français.

» Vous avez raison. Poussez jusqu'à Aioun-Sidi-Mellouk, plus loin si vous le jugez convenable.

» Le consul anglais nous dit que « la diablesse », qu'il appelle la reine, et qui commande dans son pays, imposera la paix aux Français et qu'ils ne bombarderont pas nos ports.

» Mais, si l'ennemi commençait les hostilités, vous lanceriez contre lui les armées des croyants qui l'attaqueraient de tous côtés. »

Nous verrons un peu plus loin qu'en 1859 le sultan Abd-Er-Rhaman ne saurait pas plus être rendu responsable de l'agression de Ceuta (qui fut la cause déterminante de la guerre contre l'Espagne) que de cette dernière guerre elle-même.

Etant mort pendant les négociations, son fils Sidi-Mohammed se montra disposé à donner toute satisfaction au gouvernement espagnol, qui, bien décidé à avoir « sa guerre », n'en tint aucun compte et ouvrit les hostilités.

Nous n'insisterons pas davantage sur cette question, que nous serons appelé à traiter en détail dans la suite de cette étude, quand nous exposerons les causes qui ont motivé la guerre entre l'Espagne et le Maroc.

L'armée marocaine en 1844 et 1859.

A cette époque, l'armée marocaine se composait de la fameuse « garde noire » et des contingents ou *makhzen* que devaient fournir les différentes tribus; dans le cas où la guerre sainte était proclamée, le makhzen se composait de toute la partie valide de la population.

La garde noire, ou les *Bokari*, avait été fondée par le sultan Muley-Ismaël, qui a régné de 1673 à 1727.

Recrutés au Soudan et dans la région de Tombouctou, ces nègres constituaient en quelque sorte les janissaires du Sultan. Très nombreux au début (100.000, disent les auteurs arabes), ils occasionnaient de grosses dépenses que ne purent supporter les successeurs de Muley-Ismaël.

Vers 1844, c'est à peine si leur effectif se montait à 15.000 ou 20.000 hommes. Excellents cavaliers, très braves, très habiles à se servir de leurs armes, ils avaient une valeur individuelle indiscutable : mais les seuls exercices auxquels ils étaient astreints avaient uniquement pour but la fantasia, et nullement la manœuvre en troupe (1).

---

(1) Pendant la guerre de 1859-1860, ils parurent avoir fait, à ce point de vue, certains progrès et firent même montre de quelques notions de manœuvre. C'est ainsi que les Espagnols les virent arriver plusieurs fois en groupes de 200 à 300 hommes et en ligne; à une certaine distance (300 à 400 mètres), une vingtaine de cavaliers se portaient en avant, faisaient feu, et étaient aussitôt remplacés par vingt autres; en somme, la charge par échelons.

Ce sont eux qui formaient le noyau de la petite armée à laquelle se heurta le maréchal Bugeaud.

Le makhzen des tribus comprenait tous les hommes valides de 16 à 60 ans. Le Sultan ne fournissait que la poudre et le plomb (tous les Marocains d'ailleurs possèdent un fusil et un poignard ou un yatagan). Le makhzen, une fois réuni en troupe, était nourri par les provinces que l'armée traversait : c'est le fameux impôt de la *mouna*, si redouté par les populations et qui donne lieu, en effet, à des abus de tous genres.

C'est d'ailleurs ce que nous appelons en Europe : la réquisition, véritable mouna, mais réglementée.

En dehors de la garde noire et du makhzen, l'armée marocaine comprenait encore les contingents provenant des « colonies militaires », sorte de milice assez analogue, comme organisation, aux cosaques. Les familles qui constituaient ces colonies étaient exemptes d'impôt et leurs terres inaliénables; en retour, au premier appel du Sultan, les hommes étaient tenus de rejoindre l'armée. Ils devaient également recevoir une certaine solde (environ 7 francs par mois), mais qui, en pratique, leur était assez rarement payée.

Cette milice était organisée principalement dans les ports et le long de la côte de l'océan Atlantique.

Après la bataille d'Isly, Sidi-Mohammed, jugeant avec raison que la défaite des troupes marocaines était due surtout à leur manque d'organisation, créa des troupes régulières dites *Nichans*.

L'effectif de ces troupes fut fixé primitivement à 12.000 hommes, et leur armement, fourni par les Anglais, se composait de fusils rayés; il est à présumer que leur organisation fut assez lente, car elles ne se firent pas particulièrement remarquer dans la guerre de 1859-1860 (1).

A l'époque dont nous nous occupons (1844-1860), le gouvernement marocain n'avait pas d'arsenaux ; il ne fournissait des armes à ses soldats que dans des cas absolument exceptionnels; toutefois, il possédait des approvisionnements assez considérables de poudre, de soufre et de salpêtre. Il avait même des fabriques de poudre à Maroc et à Fez.

La plupart des fusils provenaient de Tétouan; les armes blanches, de Fez et de Méquinez.

Les Anglais, déjà à ce moment, fournissaient un grand nombre d'armes aux Marocains.

Tactique des Marocains.

Combat. — C'est là, certes, un terme un peu prétentieux, et cela par la simple raison que les Marocains, n'ayant qu' « un schéma » sur le champ de bataille, n'ont jamais cherché « à manœuvrer », ce qui est le but même de la tactique.

Quoi qu'il en soit, nous allons indiquer quel est ce schéma, que nous retrouvons, d'ailleurs, à la bataille d'Isly comme à celle de Tétouan : l'armée se forme en croissant, l'artillerie au centre avec un soutien d'infanterie; tout l'art consiste alors à essayer d'envelopper son ennemi, en lui présentant le plus grand front possible. On arrive ainsi à 500 pas environ;

---

(1) **L'effectif de l'armée ordinaire, entretenue par l'empereur Abd-Er-Rahman**, était de 35.000 hommes, sur lesquels on comptait 12.000 réguliers ou soldats d'infanterie; le reste comprenait 16.000 hommes de la garde noire, 4.500 cavaliers maures et 2.500 hommes d'artillerie (Lavigne).

à ce moment, les cavaliers s'élancent à bride abattue et, à 200 pas, lâchent leur coup de fusil, font demi-tour, rechargent, reviennent et ainsi de suite.

Pendant ce temps, l'infanterie résiste au centre, ou bien, répartie sur les ailes, s'apprête à profiter d'une occasion, soit contre la cavalerie ennemie, soit même contre l'infanterie si sa propre cavalerie a pu lui faire une brèche (1).

Marches. — En général une troupe marocaine marche en deux colonnes, l'une comprenant l'artillerie et la cavalerie ; l'autre, l'infanterie et le convoi.

Le Sultan se tient avec l'artillerie et la cavalerie.

Le signal du réveil est donné par un coup de canon, au moment où le jour commence à poindre; les tentes sont aussitôt abattues, les animaux chargés, puis l'infanterie se met en marche suivie du convoi et des mercantis de toutes sortes qui encombrent presque toujours les colonnes marocaines.

Inutile d'ajouter qu'aucun ordre de marche n'est observé et que toute cette cohue s'étend sur une largeur et une profondeur qui atteignent souvent plusieurs kilomètres.

Il n'en est pas de même de la colonne du Sultan, où un peu plus d'ordre est observé.

Une demi-heure environ après le coup de canon du

---

(1) Pendant la guerre hispano-marocaine, les fantassins marocains, formés généralement en groupes de 400 à 500 hommes, se déployaient sur 3 rangs, un peu éloignés l'un de l'autre. Le premier rang tiraillait à l'abri des arbres et des rochers ; le second, sans armes, ramassait et emportait les morts ou les blessés, puis prenait leurs armes et les remplaçait. Le troisième rang formait la réserve. Combattant jusqu'au bout, fantassins et cavaliers marocains ne se rendaient jamais (les Espagnols, dans tout le cours de la campagne, firent à peine une dizaine de prisonniers). D'autre part, ils ne cherchaient pas non plus à faire des prisonniers.

réveil, la nouba (1) se fait entendre ; on abat les tentes, sauf celles du Sultan et de sa suite, qui restent dressées jusqu'au dernier moment.

Une heure plus tard, la nouba se met de nouveau à jouer pour annoncer que tout le monde doit être prêt à partir.

Le Sultan paraît alors et donne ses ordres, dont celui du départ.

La moitié de la cavalerie prend la tête, suivie de l'artillerie, et la seconde moitié de la cavalerie ferme la marche.

Le Sultan généralement se tient derrière l'artillerie et se fait précéder de la nouba, qui joue pendant la première heure de marche, puis à l'arrivée.

Stationnement. Organisation du camp. — Dès que l'on a atteint le nouvel emplacement indiqué pour le camp, les troupes forment la haie sur le passage du Sultan, dont la tente (la *koubba*) est aussitôt dressée.

Elle est entourée d'un véritable mur de toile haut de 2 mètres, en forme de cercle, qui atteint 150 à 200 mètres de diamètre.

C'est à l'intérieur de cette espèce de « paravent » que sont placées les tentes des femmes et des serviteurs du Sultan.

En avant de la koubba campe l'artillerie ; en arrière et sur les côtés, la cavalerie.

L'ensemble de ce premier camp forme une circonférence qui varie suivant les effectifs, mais qui, généralement, a un diamètre de 800 à 1.200 mètres.

L'infanterie forme un autre camp complètement distinct de celui du Sultan.

---

(1) Musique arabe.

Elle campe en carré suivant les uns, en rond suivant les autres; cependant la majorité des officiers et sous-officiers français qui ont pris part à des expéditions conduites par le Sultan indiquent plutôt la forme en carré.

Il est probable que, là encore, l'ordre ne règne pas d'une façon très absolue, ce qui a pu donner matière à discussion.

Quoi qu'il en soit, l'infanterie dresse ses tentes au centre du camp, en réservant un espace assez grand pour les caïds, les officiers de tous grades et les animaux de transport.

Entre les deux camps est toujours laissé un espace vide assez considérable, 700 à 800 mètres, où s'installent les mercantis et qui constitue le marché.

Service de sûreté. — Le service de sûreté est assuré par un assez grand nombre de postes établis à 1 kilomètre environ du camp.

Quelquefois même, si, d'après les renseignements reçus, on a à craindre une attaque, des postes de 200 à 300 cavaliers poussent des reconnaissances dans un rayon assez éloigné.

La nuit, les petits postes veillent, mais ne détachent pas de sentinelles; les hommes s'assoient en cercle et s'appellent constamment pour se tenir éveillés.

Quand le Sultan se met à la tête d'une expédition, trois personnages sont principalement responsables de l'alimentation de l'armée, des marches, du campement et du transport des vivres, munitions et bagages.

Ce sont :

1° Le hallaf, sorte d'intendant qui répartit la mouna, ou impôt fourni par les populations du pays que traverse l'armée. En général, on distribue un mouton pour 50 hommes et 300 grammes de blé par homme.

Dans le cas où les habitants de la région se refusent à payer cet impôt, on procède à des razzias qui simplifient considérablement la tâche du hallaf ;

2° Le caïd-el-sekhara, qui dirige les muletiers requis dans les tribus avec leurs animaux pour assurer **les transports** ;

3° Le caïd-el-ferraga, qui a la direction des marches et surtout l'établissement des camps.

Ces trois personnages représentent, en quelque sorte, les chefs de service de notre organisation militaire.

Le service de santé est constitué par quelques barbiers et rebouteurs qui suivent l'armée à leurs risques et périls.

Marine.

Nous n'en parlerons pas et pour cause; les hardis corsaires qui, au XVIII° siècle, répandaient la terreur dans toute la Méditerranée et l'océan Atlantique n'ont pas eu de continuateurs. La flotte marocaine, qui, en 1792, comptait encore une demi-douzaine de frégates et une douzaine de galiotes, n'existait plus un demi-siècle plus tard.

GUERRE FRANCO-MAROCAINE
1844

Causes de la guerre.

Nous sommes en 1844. Abd-El-Kader, le vaillant chef arabe, après des prodiges de valeur, avait été obligé de se réfugier au Maroc, et y faisait tous ses efforts pour entraîner le sultan Abd-Er-Rahman à proclamer la guerre sainte, la Djihad, contre les Français.

Jusque-là, en effet, Abd-El-Kader avait supporté seul le poids de la lutte ; il était donc assez juste que l'empereur du Maghreb entrât en lice, à son tour, pour l'aider à chasser les infidèles de la terre de l'Islam.

Ce dernier argument, répandu par les émissaires d'Abd-El-Kader dans tout l'empire chérifien, y avait eu un immense retentissement, et la répercussion s'en était fait immédiatement sentir sur notre territoire, où les tribus marocaines, voisines de la frontière, ne cessaient de faire des incursions. De là de fréquents engagements avec nos troupes.

Cette situation ne pouvait se prolonger longtemps ; Abd-Er-Rhaman se rendait très bien compte, en effet, que ses sujets lui pardonneraient difficilement d'avoir laissé écraser Abd-El-Kader sans avoir essayé, au moins une fois, de lui prêter assistance.

D'autre part, le gouvernement français ne pouvait

tolérer plus longtemps la présence d'Abd-El-Kader dans le voisinage de la frontière algérienne et surtout, ce qui en était d'ailleurs la conséquence directe, les incursions continuelles des tribus marocaines.

Il envoya donc le prince de Joinville à Tanger avec une escadre et autorisa le maréchal Bugeaud, campé près de Marnia avec une dizaine de mille hommes, à franchir la frontière.

De son côté, le Sultan dirigeait sur Oudj'da une petite armée forte d'environ 30.000 hommes, et mettait à sa tête son propre fils, Muley-Mohammed.

Toutefois, avant de faire parler la poudre, le maréchal Bugeaud, le 6 août, écrivit à Muley-Mohammed pour lui exposer, une dernière fois, les conditions de la France :

1° Reconnaissance de la limite qui existait, sous la domination des Turcs, entre le Maroc et l'Algérie ;

2° Eloignement de la frontière d'Abd-El-Kader, de sa déïra (1) et de celles de nos tribus qui l'avaient suivi.

Il lui fixait en même temps un délai de quatre jours pour faire connaître sa réponse.

Les quatre jours passèrent sans que Muley-Mohammed daignât donner signe de vie.

D'autre part, le 12 août, le maréchal apprit que le prince de Joinville, devant la fin de non-recevoir opposée par le gouvernement marocain à l'ultimatum qu'il avait posé, venait de bombarder Tanger et se dirigeait sur Mogador.

Dès lors, le maréchal Bugeaud n'hésita plus et marcha droit sur le camp de Muley-Mohammed.

---

(1) On entend par « déïra » la réunion d'un certain nombre de familles.

BATAILLE D'ISLY (prise du C
(Négatif

Colonel Tartas. — Léon Roches. — Capitaine Fleury. Capitaine Legrand. Commandant d'Allonville. Colonel Yusuf. — Maréchal Bugeaud.

ils de l'Empereur du Maroc).
ères.)

Général Bedeau.   Capitaine Appert.   Capitaine Delmas.   Capitaine Dutertre.   Command^t Froment-Coste.

BATAILLE D'ISLY

(14 août 1844.)

Nous n'avons certes pas l'intention de raconter en détail la bataille d'Isly, qui est décrite dans nos cours d'histoire militaire beaucoup mieux que nous ne pourrions le faire.

Nous nous contenterons de la résumer en quelques lignes, d'après le rapport officiel du maréchal Bugeaud, daté du bivouac de Koudiat-Abd-Er-Rhaman, le 17 août 1844 (1).

Le 14 août, à 2 heures du matin, le maréchal Bugeaud, qui avait bivouaqué sur la frontière même, près de Mécharat-el-Turé, mettait sa petite armée en mouvement et la dirigeait sur les camps marocains. (Croquis n° 2.)

Elle comprenait 8.500 fantassins, 1.400 cavaliers, 16 canons, 400 goumiers (2).

Dès le départ, elle prenait le dispositif de marche bien connu qui devait lui permettre de passer en quelques minutes à ce carré des carrés, à ce losange qui lui assura la victoire. Nous y reviendrons un peu plus tard.

A 8 heures du matin, elle arrivait en vue des Marocains, établis sur les hauteurs qui bordent l'Isly au sud. D'après le maréchal Bugeaud, le fils du Sultan avait sous ses ordres environ 25.000 cavaliers, 1.000

---

(1) Voir aux annexes le rapport *in extenso* du maréchal Bugeaud.
(2) Lettre du maréchal Bugeaud, en date du 13 août 1844.

à 1.500 fantassins et 11 canons, servis par des renégats anglais et espagnols.

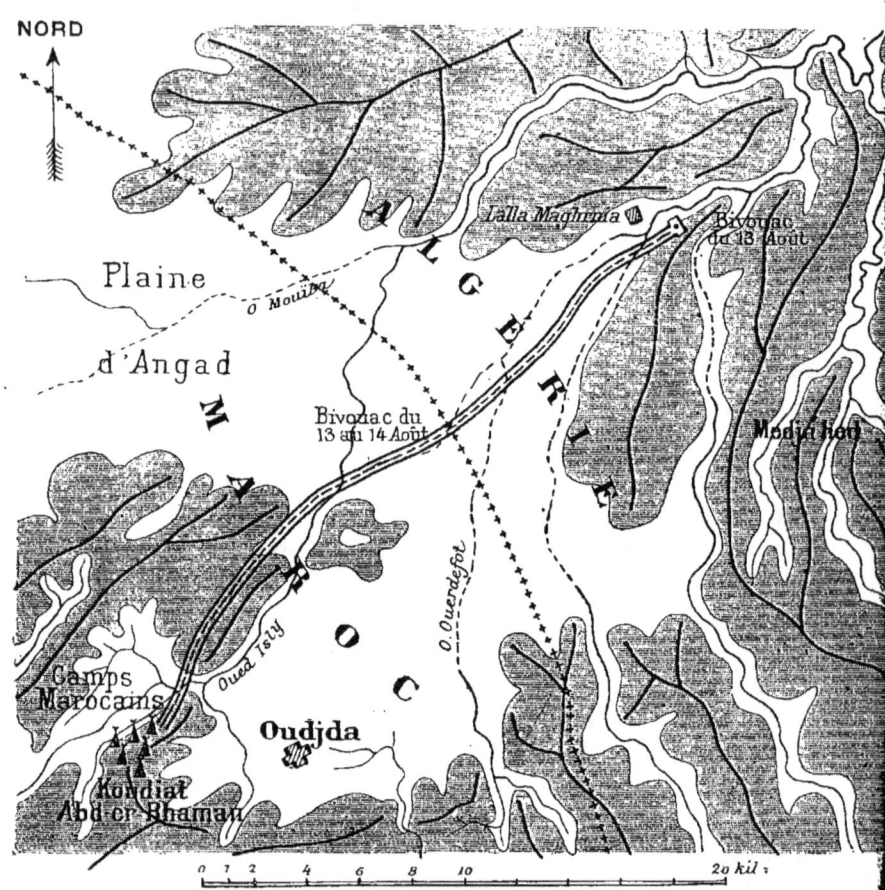

Croquis n° 2.

A peine les troupes françaises avaient-elles franchi l'Isly que l'armée marocaine, formée, suivant sa tactique habituelle, en un immense croissant, cherchait à les envelopper.

Mais les masses ennemies étaient arrêtées par le feu de l'infanterie, pendant que l'artillerie, qui avait ouvert d'abord le feu sur le camp marocain, dirigeait alors ses obus sur ces masses et accélérait leur retraite.

Les dix-neuf escadrons français surgissaient à leur tour et se lançaient sur le camp ennemi, qu'ils enlevaient, malgré la résistance de l'artillerie et de l'infanterie marocaines.

A ce moment, la cavalerie marocaine faisait un retour offensif contre l'aile droite française : elle était encore repoussée par le feu de l'infanterie, mais non dispersée, et tenait en échec six escadrons français qui s'étaient lancés à la charge, sans s'être assurés qu'ils pouvaient être appuyés par l'infanterie.

Ils étaient enfin dégagés, mais non sans peine, par quelques bataillons envoyés en toute hâte.

Cependant, les cavaliers marocains s'étaient ralliés sur la rive gauche de l'Isly; l'artillerie se mettait aussitôt en position et tirait à mitraille sur ces groupes qui faisaient néanmoins bonne contenance.

Il fallut, pour les forcer à se retirer, que la cavalerie les chargeât de nouveau, soutenue par l'infanterie qui s'était portée également sur la rive gauche de l'Isly.

Dès lors l'ennemi s'enfuit dans la direction de Taza et des montagnes des Beni-Snassen (1), laissant sur

---

(1) On peut se demander pourquoi le maréchal Bugeaud ne poursuivit pas Muley-Mohammed l'épée dans les reins. La raison en est bien simple : l'état d'épuisement de ses troupes ne le lui aurait pas permis. Il entrait près de 200 malades par jour à l'ambulance. Le maréchal n'en fit pas moins répandre le bruit par ses émissaires qu'il allait marcher sur Taza; aussi ne tarda-t-il pas à recevoir deux caïds marocains venant, de la part de Muley-Mohammed, lui faire des propositions de paix. Ils furent des mieux accueillis.

le terrain : onze pièces de canon (1), seize drapeaux et 800 morts.

Les pertes de l'armée française se bornaient à 27 tués et 96 blessés.

PRINCIPAUX ENSEIGNEMENTS A TIRER DE LA BATAILLE D'ISLY

Puissance de l'organisation et de la tactique contre les masses qui n'ont que l'avantage du nombre.

Ainsi que le maréchal Bugeaud l'avait annoncé d'ailleurs à ses officiers la veille de la rencontre, la bataille d'Isly a montré, une fois de plus, la puissance de l'organisation et de la tactique contre les masses qui n'ont que l'avantage du nombre (2).

Il ne faudrait cependant pas en conclure qu'une troupe organisée et sachant manœuvrer arrivera toujours à bout d'un adversaire plus nombreux mais n'ayant aucune notion tactique et une instruction militaire des plus rudimentaires. Encore faut-il que le commandement adopte une tactique particulière, répondant au tempérament de l'ennemi, à sa façon de combattre, au terrain où il faudra opérer, enfin aux différentes circonstances qui peuvent se présenter; sinon on peut courir au désastre comme à Adoua.

Le carré des carrés. — Ses avantages.

C'est ainsi que nous voyons le maréchal Bugeaud bien renseigné sur ses adversaires, *sachant qu'il aura*

---

(1) Dont dix anglaises et une espagnole.
Les pièces anglaises portaient la devise : « Honni soit qui mal y pense. » (Lettre du 18 août 1844, du maréchal Bugeaud.)
(2) Voir à ce sujet, aux annexes, la lettre de l'interprète Roches relatant la bataille d'Isly.

surtout affaire à de la cavalerie, adopter ce dispositif de carré des carrés qui lui a donné la victoire. (Croquis n° 3.)

Jusqu'alors, en Algérie, on avait employé contre les Arabes le grand carré à face continue, l'infanterie en formant les faces, la cavalerie, l'artillerie, les trains de combat, les trains régimentaires, le convoi administratif au centre.

Le maréchal Bugeaud y apporta les modifications suivantes :

On devait marcher à l'ennemi, non par une des faces, mais par l'un des angles, constitué par un bataillon (celui de direction).

La moitié des autres bataillons était échelonnée à droite et à gauche sur celui-ci. L'autre moitié formait la même figure renversée en arrière.

C'était donc un grand losange fait avec des colonnes à demi-distance par bataillon, prêtes à former le carré.

Derrière le bataillon de direction étaient placés deux bataillons de réserve, ne faisant pas partie du système et prêts à agir suivant les circonstances.

L'artillerie était distribuée sur les quatre faces, vis-à-vis des intervalles des bataillons (120 pas).

La cavalerie formait deux colonnes de chaque côté du convoi qui, bien entendu, occupait le centre du losange.

Ce nouveau dispositif présentait sur l'ancien les avantages suivants :

1° Chaque bataillon :

a) Protégeait par ses feux le bataillon voisin et en recevait également protection par le croisement des feux;

b) De plus, il était absolument indépendant, avait

sa force en lui-même, et ne subissait pas les conséquences des échecs que pouvaient éprouver les bataillons voisins.

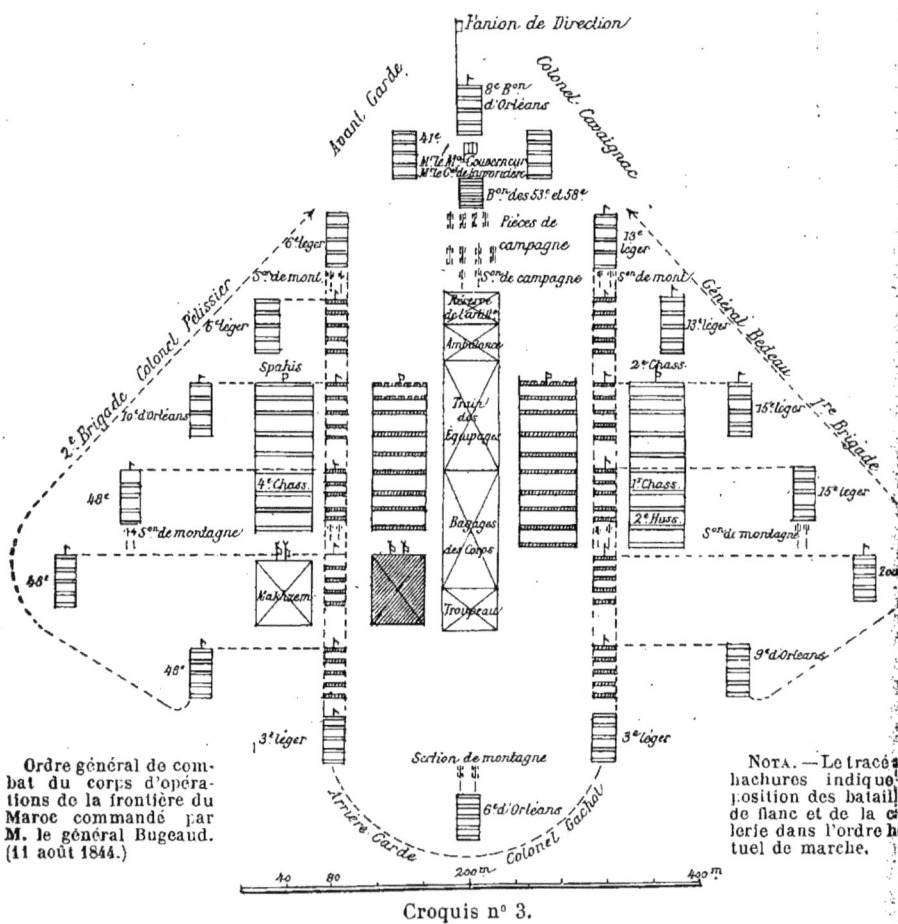

Ordre général de combat du corps d'opérations de la frontière du Maroc commandé par M. le général Bugeaud. (11 août 1844.)

NOTA. — Le tracé hachures indique position des batail de flanc et de la c lerie dans l'ordre h tuel de marche.

Croquis n° 3.

2° Grâce aux intervalles, la cavalerie pouvait sortir et rentrer au moment voulu, et cela sans déranger le dispositif, sans bousculer l'infanterie.

3° L'artillerie, répartie sur les quatre faces, pouvait agir dans toutes les directions, et elle aussi tirer par les intervalles, sans que l'infanterie soit obligée de lui faire des créneaux.

Par contre, ce dispositif, comme celui du carré à face continue d'ailleurs, présentait le grand inconvénient d'obliger toutes les troupes à régler leur marche sur celle du convoi, forcément assez lente, et pleine d'à-coups : d'où assez grande fatigue, aussi bien pour l'infanterie que pour les autres armes, artillerie et cavalerie.

Il ne faut donc y voir qu'un dispositif d'attaque et non de marche.

Actuellement le dispositif employé en Algérie consistant à répartir d'abord la colonne en échelon de manœuvre et en convoi proprement dit, puis à faire marcher de la cavalerie sur un des flancs, remédie en grande partie à ces inconvénients (1).

Quoi qu'il en soit, le losange du maréchal Bugeaud fit si bien ses preuves à la bataille d'Isly, en tant que formation d'attaque, que les Espagnols, à la bataille de Tétouan, seize ans plus tard, l'adoptèrent presque sans modifications pour leurs colonnes d'attaque.

Rien ne dit que ce dispositif ne rendra pas encore des services dans des circonstances analogues, à condition, bien entendu, de ne pas le prendre comme un schéma rigide, mais de s'en servir en tenant compte des circonstances, de la composition des forces ennemies et surtout des progrès de l'armement.

---

(1) Ce nouveau dispositif a été pris en 1881, sur l'initiative du général de Négrier, à la suite du désastre de la colonne Innocenti, à Chellala (17 mars 1881), qui montra nettement les inconvénients de marcher en un seul groupe.

Marches.

Si nous examinons maintenant comment la petite armée du maréchal Bugeaud a marché et combattu dans cette journée du 14 août, nous sommes conduit à faire les remarques suivantes :

1° Le maréchal met sa colonne en mouvement à 2 heures du matin.

Nous avons tenu à appeler l'attention sur ce fait, parce que nous avons entendu, même dans l'armée d'Afrique, discuter assez souvent la question de la mise en route d'une troupe pendant la nuit.

Certains sont d'avis que la nécessité de laisser les hommes reposer pendant la nuit prime toute autre considération, que la marche dans l'obscurité est pénible et lente, qu'un départ pendant la nuit est toujours une cause de désordre, enfin que les inconvénients dépassent de beaucoup les avantages.

Ces arguments sont des plus justes en France, mais ne sauraient avoir de valeur sous le soleil d'Afrique, qui produit presque toujours la « débandade » quand on l'affronte dès qu'il s'élève un peu à l'horizon.

Nous n'insisterons donc pas sur cette question, nous contentant de nous abriter derrière l'autorité du maréchal Bugeaud.

2° Le dispositif de marche différait de celui de combat en ce que les bataillons, au lieu de s'échelonner, marchaient les uns derrière les autres.

Il présentait donc l'inconvénient signalé plus haut; aussi la marche fut-elle longue et pénible, la colonne fut obligée de traverser deux fois l'Isly, la seconde fois sous le feu de l'ennemi : elle y perdit un temps considérable.

Le maréchal Bugeaud, dans une lettre datée du 13 août (veille de la bataille), témoigne l'intention de n'attaquer les Marocains que le matin ou le soir, de s'arrêter au besoin même, pour laisser passer la grande chaleur (1).

La bataille n'en eut pas moins lieu de 9 heures à midi, c'est-à-dire en pleine chaleur : ce contre-temps provint de la marche d'approche qui fut beaucoup plus longue que ne le prévoyait le maréchal.

Phases tactiques.

3° Il est assez curieux de constater que la bataille d'Isly, malgré son originalité, due précisément au dispositif du maréchal Bugeaud, n'en présente pas moins les différentes phases que la tactique semble imposer à tout combat conduit méthodiquement.

C'est ainsi que nous voyons, au début, les tirailleurs engager l'action, puis l'artillerie ouvrir le feu sur le camp marocain qui représente le point d'appui de l'ennemi, son centre de résistance, sur lequel il faudra diriger l'attaque décisive; ensuite, c'est l'infanterie qui entre en ligne, qui repousse les charges de la cavalerie marocaine; elle est appuyée, d'ailleurs, par l'artillerie; enfin les dix-neuf escadrons français sortent à leur tour du carré et donnent le coup de marteau de l'attaque décisive.

Evidemment ce n'est pas la cavalerie généralement qui est chargée de ce rôle, mais il y a des exemples (la Moskova entre autres), et nos voisins de l'Est semblent être assez partisans de cet emploi de la cavalerie.

A la fin de la bataille d'Isly nous voyons les trois

---

(1) Voir aux annexes cette lettre fort intéressante à tous les points de vue.

armes organiser la poursuite : c'est d'abord l'artillerie qui se met en batterie, envoie ses obus sur l'ennemi qui s'est reformé sur la rive gauche de la rivière ; puis l'infanterie qui traverse l'Isly, suivie bientôt de la cavalerie qui achève la poursuite.

La bataille d'Isly nous montre donc une fois de plus qu'aucun combat n'échappe aux lois de la tactique, toutes les fois que le commandement agit avec méthode, et cela quels que soient le pays, la région où l'on opère : aux colonies, aussi bien qu'en Europe.

Union intime des trois armes.

4° Il nous reste encore à faire une remarque assez intéressante sur ce combat : c'est l'appui *continuel* que se sont prêté les trois armes, leur union intime et constante.

Nous citons le texte même du rapport du Maréchal :

I. — Au moment des charges de la cavalerie marocaine contre les carrés d'infanterie :

« Sur la ligne des angles morts des bataillons, l'artillerie vomissait la mitraille. Les masses ennemies furent arrêtées et se mirent à tourbillonner, leur retraite fut accélérée, leur désordre augmenté par les quatre pièces de campagne qui marchaient en tête du système. »

II. — Après l'enlèvement du camp marocain :

« Le colonel Morris, qui commandait les 2º et 3ª échelons, voyant une grosse masse de cavalerie qui se précipitait de nouveau sur mon aile droite, passa l'Isly pour briser cette charge en attaquant l'ennemi par son flanc droit. »

Pourtant ce fut une faute, une grosse faute, car le

colonel Morris traversa l'Isly, certain de ne pouvoir être appuyé sur l'autre rive par l'infanterie. Il fut, en effet, aussitôt accablé par la cavalerie marocaine, subit de grosses pertes, et ne fut dégagé que grâce à la présence d'esprit du général Bedeau, qui envoya en toute hâte à son secours trois bataillons d'infanterie.

Néanmoins le colonel Morris, voyant l'infanterie menacée, avait cru faire son devoir en se lançant à son aide.

III. — La poursuite est organisée :

« L'infanterie passe alors la rivière sous la protection de l'artillerie. »

Un peu plus loin :

« Les spahis se voyant bien soutenus par l'infanterie recommencèrent l'attaque. »

Ces exemples sont suffisants pour montrer que, sur le champ de bataille d'Isly, artilleurs, cavaliers et fantassins ont été loin de chercher à agir chacun pour son compte et s'en sont bien trouvé.

La liaison des trois armes, leur coopération intime et constante ne semblent donc pas être une formule purement théorique inventée par des tacticiens en chambre.

Jugement du maréchal Bugeaud sur l'armée marocaine.

A la fin de son rapport, le maréchal Bugeaud ajoute :

« Les Marocains se sont montrés très audacieux,

mais la confusion rendait leurs mouvements impuissants; les plus braves venaient se faire tuer à bout portant. Il ne leur manquait, pour bien faire, que la force d'ensemble et une infanterie bien constituée pour appuyer leur mouvement.

» Avec un gouvernement comme le leur, il faudrait plusieurs siècles pour leur donner ces conditions de succès dans les batailles. »

Les événements ont justifié cette opinion sur le gouvernement marocain : depuis 1844, en effet, il n'a jamais essayé très sérieusement d'organiser une armée solide et de lui donner cette force d'ensemble dont parle le maréchal.

Toutefois, la guerre hispano-marocaine de 1859-1860 montrera que du fait que les Marocains, à la bataille d'Isly, n'ont pour ainsi dire pas engagé d'infanterie, il n'en faudrait pas conclure cependant qu'ils ne peuvent en mettre en ligne. Dans tous les combats aux environs de Ceuta, et pendant la marche sur Tétouan, nous verrons les Espagnols constamment attaqués par une infanterie nombreuse et des plus audacieuses qui, très souvent même, les tint en échec.

Néanmoins, ce n'est pas encore cette infanterie « bien constituée » à laquelle fait allusion le maréchal Bugeaud.

S'il faut en croire l'interprète Roches (1), qui a joué un rôle si brillant dans les guerres d'Algérie et dont l'ouvrage *Trente-deux ans à travers l'Islam* (2) en a décrit les principales phases dans un style des plus

---

(1) Voir aux annexes le récit si pittoresque qu'il a fait de la bataille d'Isly, à laquelle il assista aux côtés du maréchal Bugeaud.
(2) Librairie Firmin-Didot.

passionnants, le jour de la bataille d'Isly plus de 8.000 *Riffans* étaient massés non loin de là et n'intervinrent pas. Toujours d'après le même auteur, la veille de la bataille, leurs chefs avaient décidé de ne prendre part à la campagne que si les Français venaient à être battus, ou bien si, victorieux, ils envahissaient les montagnes du Riff (1).

On comprend, en effet, qu'en lutte continuelle avec le Sultan, ils n'avaient aucun intérêt, tant qu'il ne s'agissait pas de leur indépendance, à fortifier son autorité.

Légende à laquelle a donné lieu la guerre franco-marocaine de 1844.

Quoi qu'il en soit, la facilité avec laquelle fut gagnée la bataille d'Isly (due, il faut bien le dire, au talent du maréchal Bugeaud) et les pertes peu nombreuses subies par la petite armée française, ont contribué, ainsi que nous l'avons déjà fait remarquer, à répandre une véritable légende au sujet de l'armée marocaine.

C'est là une des principales raisons qui nous ont poussé à entreprendre l'étude de la campagne de 1859-1860, qui en donne une idée beaucoup plus exacte, en ce sens que le corps expéditionnaire espagnol eut à combattre, non seulement contre la cavalerie du Sultan comme à la bataille d'Isly, mais aussi et surtout contre son infanterie.

Il y a lieu enfin d'ajouter que la lutte s'étant prolongée plus de quatre mois, en plaine et en montagne, permet de se rendre compte, d'une façon beau-

---

(1) Il ajoute même qu'Abd-El-Kader aurait assisté à la bataille du haut des premiers contreforts du massif des Beni-Snassen.

coup plus précise, nous ne dirons pas de la tactique des Marocains, mais tout au moins de leur façon d'opérer.

On y verra, enfin, que si ces derniers, à la bataille d'Isly, ont paru montrer une tendance à faire la guerre de « position », à attendre l'attaque de l'adversaire, il n'en faudrait pas conclure qu'ils n'ont pas le tempérament offensif; la guerre de 1859, et surtout la première partie, nous montrera au contraire qu'en terrain un peu accidenté les Marocains ont constamment attaqué, et cela avec une furie qui, plus d'une fois, surtout dans les premières rencontres, a profondément impressionné les Espagnols.

Avant de passer, toutefois, à l'étude de la guerre hispano-marocaine de 1859-1860, nous tenons à citer un extrait de l'histoire des dynasties marocaines d'Ahmed-ben-Khaled en Naceur, traduit de l'arabe par M. Pellat, interprète près le conseil de guerre d'Oran, et qui a trait à la campagne de 1844.

Il contient bon nombre d'erreurs, mais n'en est pas moins des plus suggestifs et surtout des plus instructifs, au point de vue de la façon dont chaque peuple raconte l'histoire.

LA GUERRE DU MAROC EN 1844

D'APRÈS LES HISTORIENS MAROCAINS

Causes qui ont amené cette guerre.

La paix existait entre la France et le Maroc depuis le règne du sultan Mohamed ben Abd-Allah (1). Quand les Français eurent vaincu les Turcs, qui commandaient à Alger, et pris possession de cette ville, les habitants de Tlemcen envoyèrent une députation au sultan Mouley-Abd-Er-Rahman, pour le prévenir qu'ils acceptaient sa suzeraineté et voulaient devenir ses sujets. Leur demande fut agréée après les entrevues et les négociations dont nous avons parlé plus haut.

Malgré cela, les chrétiens occupèrent Tlemcen, et de cette évacuation date l'époque où toute cette région fut placée sous les ordres d'El-Hadj-Abd-El-Kader ben Mahi-Ed-Dine, qui se déclara vassal de l'Empereur.

Ce dernier avait pour l'émir une vive affection. Malheureusement les Français s'acharnèrent à le poursuivre, et la cour chérifienne fut obligée de reconnaître qu'Abd-El-Kader semait la mort dans le pays, le ruinait et que ses adversaires n'avaient qu'une politique : provoquer des désordres dans une contrée pour s'en emparer ensuite.

---

(1) Cet empereur marocain régna de 1757 à 1789.

En 1843, ils avaient soumis tout le Maghreb central et le fils de Mahi-El-Dine errait sur la nouvelle frontière, allant du Sahara chez les Beni-Snassen, d'Oudj'da dans le Riff ou ailleurs. Il est possible que, pendant ces nombreuses migrations, on ait vu, au milieu de sa troupe, des sujets marocains ou des soldats du Sultan. Dans tous les cas, ses adversaires profitèrent de ce prétexte pour violer le territoire marocain. Ils exécutèrent plusieurs fois des coups de main sur les Beni-Snassen, sur Oudj'da et sa banlieue. Un jour, notamment, ils tombèrent sur cette ville à l'improviste et la razzièrent.

Ces violations de frontière réitérées décidèrent la cour chérifienne à adresser une note diplomatique au gouvernement français. On lui répondit : « La paix a été rompue par Abd-El-Kader ; à maintes reprises, il a fourni des chevaux, des armes et des subsides à nos adversaires ; les troupes impériales guerroient sur nos frontières, et enfin les Beni-Snassen se liguent avec l'émir pour nous attaquer. »

A ces explications, les autorités françaises ajoutèrent, selon leur habitude, plusieurs arguments du même genre. Quant à celui qui fut la cause première de ces troubles, sa conduite à l'égard de Mouley-Abd-Er-Rahman fut coupable. Il voulut répudier l'autorité de son souverain, devenir indépendant, et il déclara la guerre aux chrétiens. Quel bénéfice pouvait-il retirer de cette politique ? Aucun. Bref, il commença par soulever les populations kabyles qui l'entouraient, ce qui dévoila au Sultan, d'une manière explicite, les projets de son ancien vassal.

La situation s'aggravant, la population étant lasse de cet état de trouble, l'Empereur déclara la guerre.

Préparatifs de guerre. — Proclamation de l'Empereur. — Conseils d'Abd-El-Kader au fils du Sultan.

Le premier soin de Mouley-Abd-Er-Rahman fut de prescrire aux populations avoisinant la frontière de se préparer à la lutte, de se tenir sur leurs gardes et de se concentrer pour mieux parer aux éventualités. Puis il confia à son cousin Mouley-Mamoun ben Chérif le soin de lever des troupes et de les envoyer à Oudj'da. Afin d'alléger cette lourde tâche, il adjoignit à ce chérif le jurisconsulte Ali ben El-Gennaoui, qui faisait partie des notables de Rabat. Ce dernier eut même une escarmouche avec un détachement français dès son arrivée sur la frontière. Le Sultan, de son côté, préparait avec activité les munitions et les vivres indispensables à une armée, réunissait le matériel de guerre disponible, enrôlait des soldats, ordonnait de préparer des étendards, des drapeaux et mobilisait les Kabyles.

Arrivons à la proclamation qu'il lança pour appeler aux armes ses sujets, les inciter à la guerre sainte et animer leur courage. Elle a été mise en vers et rédigée par le vizir *Ben Dris*. En voici la teneur :

« O habitants du *Maroc* ! le moment de vous lever est venu pour combattre — dans une guerre sainte et légitime — les idolâtres qui vous avoisinent à l'Est.

» Ils ont abreuvé d'ignominies les vrais croyants. — Ne vous laissez pas séduire par leurs manières doucereuses ! — Les perfidies qu'elles cachent allument la colère de tout musulman. — L'intelligence d'un enfant et celle d'un adulte ne peuvent concevoir les innombrables tromperies dont ils sont coutumiers ; — la fourberie est peinte sur leurs traits, les mensonges et l'imposture sont leur ligne de conduite. — Votre dignité vous oblige de répondre à cet appel — car le lâche seul reste indifférent devant l'ennemi — et celui qui accepte le voisinage du mal sans chercher à l'éviter ressemble à la couleuvre vivant dans un panier rempli de vipères ; — enfin l'homme libre ne doit rechercher l'immortalité que dans la bravoure : — un être méprisé ne peut retrouver le bonheur en ce monde. »

Ce langage porta ses fruits. Trente mille cavaliers accoururent. Parmi eux on voyait des réguliers et des irréguliers kabyles, avec une contenance martiale et admirablement armés. La tribu des Oudaïa seule ne fournit qu'un faible effectif, parce qu'elle était mal famée, méprisée par le Sultan.

Ce fut le fils de l'Empereur, Si-Mohammed ben Abd-Er-Rahman, qui reçut le commandement supérieur des troupes. Les préparatifs terminés, il partit aussitôt et alla installer son camp sur les bords de l'oued Isly, dans le caïdat d'Oudj'da.

Que devenait El-Hadj-Abd-El-Kader pendant ces préparatifs ? Il continuait d'errer à proximité de la frontière, escorté par cinq cents cavaliers environ, représentant les débris de l'armée recrutée par lui, jadis, dans le Maghreb central. Son prestige, sa puissance avaient commencé à déchoir. Quant à sa présence dans le pays, elle n'était plus d'une grande utilité ; au contraire, elle y était devenue funeste. Son ancienne bravoure s'était relâchée ; il poursuivait un but coupable : n'avait-il pas osé pousser à la révolte les soldats et les sujets du Sultan ?

Dès que le général en chef de l'armée marocaine eut dressé sa tente sur les rives de l'Isly, l'émir vint lui demander une entrevue qui lui fut accordée. Il se présenta à cheval et adressa à Si-Mohammed ben Abd-Er-Rahman les paroles suivantes :

« Vous avez commis une imprudence en apportant ces tapis, ces tentures, ces objets de luxe que vous venez étaler à la barbe de vos ennemis. Que cette preuve de légèreté ne se renouvelle pas ! Ne vous approchez pas des infidèles avant d'avoir abattu vos tentes, chargé vos bagages et pris vos dispositions pour partir, car lorsque les soldats français aperçoivent un camp ennemi, rien ne les arrête ; ils fondent sur lui et l'enlèvent, dussent-ils périr jusqu'au dernier. »

Il termina cet entretien en expliquant au fils du Sultan la tactique qu'il employait toujours dans ses rencontres avec les chrétiens.

Ces conseils étaient frappés au coin du bon sens ; malheureusement ils ne furent pas écoutés. Le fils de Mahi-Ed-Dine était, à ce moment, vu d'un trop mauvais œil par l'entourage de Si-Mohammed.

D'aucuns racontent même que l'un des hommes appartenant à la suite du prince reprocha à l'Emir sa liberté de langage en présence de l'héritier du trône, et l'audace dont il avait fait preuve, en osant donner des conseils à un général en chef, avant d'y avoir été invité.

L'entrevue terminée, Abd-El-Kader, désappointé, revint sur ses pas avec des allures d'indépendance et un visage sur lequel on croyait lire : « N'ayant pas conseillé cette guerre, je n'en redoute pas les conséquences. »

Bataille d'Isly.

Pendant la nuit qui précéda cette triste journée, deux Arabes du pays se présentèrent au camp et demandèrent à parler au chambellan de Si-Mohammed. Ce haut fonctionnaire, qui se nommait Sid-Taïd ben El-Iamani (dit Bou-Acherine), les reçut.

« L'ennemi, s'empressèrent-ils de déclarer, se propose de vous attaquer demain matin. Prenez vos dispositions et avertissez le prince.

— Le prince dort, répondit leur interlocuteur, et je n'ose pas le réveiller. »

Quatre nouveaux espions arrivaient quelques heures après. Ils apportaient les mêmes renseignements, auxquels on réserva le même sort.

Enfin, l'aurore parut. Le général terminait sa prière quand dix cavaliers lui furent amenés. Appartenaient-ils aux contingents fournis par la région ou à la garde du prince ? On n'est pas d'accord sur ce point. Dans tous les cas, ils affirmèrent que les troupes françaises s'approchaient et que, lorsqu'ils les avaient quittées, elles étaient en marche.

Ordre fut donné aussitôt par l'héritier présomptif de monter à cheval et de se préparer au combat. Les fantassins et les canonniers, dont le nombre n'atteignait pas mille, furent seuls autorisés à rester au camp. Quant aux Beni-Snassen, ils avaient répondu avec tant d'empressement à la voix du Sultan, que le total de leurs cavaliers égalait presque celui des hommes venus de l'Ouest.

Tous les cavaliers furent alors placés en ligne de bataille, ligne si étendue qu'on ne pouvait l'embrasser du regard. A un signal donné, cette masse s'ébranle et s'élance vers l'ennemi, offrant, avec ses étendards flottant au vent et par la correction de sa marche, un coup d'œil magnifique.

Si-Mohammed, montant un cheval blanc, revêtu d'un manteau pourpre et un parasol étendu sur sa tête, s'était placé au centre. Sa démarche et la richesse de ses vêtements le rendaient facilement reconnaissable au milieu de son escorte.

L'approche des Français enflamme les cœurs, on est tellement impatient de se lancer que le désordre se met dans les rangs, et Si-Mohammed est obligé d'inviter les soldats à se contenir, à conserver le calme, le sang-froid de l'homme de guerre.

Enfin, le combat s'engage. Dès le premier choc, les infidèles, reconnaissant le général en chef, braquent leurs bouches à feu sur lui et le couvrent de projectiles. Une bombe éclate aux pieds du serviteur qui portait le parasol, le cheval du prince prend le mors aux dents et peu s'en faut qu'il ne désarçonne son cavalier.

Cet incident trouble visiblement Si-Mohammed, qui change sa monture contre celle du premier soldat qu'il rencontre, ordonne de fermer le parasol, revêt un autre manteau et se met à l'abri du feu de l'ennemi.

Cependant les musulmans chargent leurs adversaires, les abordent avec impétuosité. Par la rapidité de leur course, ils ressemblent à des éclairs ; leurs chevaux, que la voix du canon effraie, cherchent en vain à se dérober : ils les lancent de nouveau au centre des rangs français.

Au bout d'une heure de lutte, les combattants marocains veulent savoir où est leur chef : son changement de tenue les empêche de le reconnaître. Aussitôt leur courage faiblit, les plus timorés affirment qu'il a été tué. Cette nouvelle émeut les soldats impériaux ; les poltrons en profitent pour fuir vers le camp et envahir les tentes où étaient enfermés les trésors et les pillent en se tuant les uns les autres.

Ils sont bientôt suivis par ceux dont le courage commence à faiblir et, les rangs s'éclaircissant, toute l'armée chérifienne se démoralise.

L'héritier présomptif, prévenu par un homme de son escorte que la bataille allait être perdue et que ses soldats se volaient et se tuaient dans le camp, répond : « Gloire à Dieu ! » Puis, s'étant retourné, la vue des massacres qui ont lieu autour des tentes le confond et lui fait perdre toute illusion sur l'issue du combat.

Quant aux Français, ils prennent l'offensive, tuent jusqu'au dernier ceux qui veulent encore leur résister et poursuivent les fuyards en tirant à boulet et à mitraille, à feu continu.

Quelques canonniers restés au camp essayèrent d'arrêter les chrétiens, mais le destin leur fut encore contraire. Une crue survint, envahit les environs et obligea ces braves d'abandonner leurs pièces.

Ainsi que vous le voyez, les musulmans seuls ont vaincu les musulmans.

Lorsque les troupes françaises arrivèrent au camp, les pillards qui y étaient encore s'enfuirent, et tout ce qui y restait en fait de richesses tomba aux mains des chrétiens.

Cette bataille qui a été livrée, le 14 août 1844, et a commencé à 10 heures du matin, fut une journée néfaste, une catastrophe épouvantable ; jamais semblable calamité n'avait frappé la dynastie chérifienne.

Déroute de l'armée impériale. — Conclusion de la paix.

La lutte terminée, les soldats marocains se dispersèrent et partirent à la débandade. Beaucoup moururent de soif, de faim ou de fatigue, et d'autres furent dévalisés par les Angads. Leurs femmes même purent dépouiller ces malheureux, qui ne leur offraient aucune résistance.

Le général en chef se rendit d'abord à Taza, où il séjourna quatre jours pendant lesquels les fantassins et les éclopés vinrent le rejoindre. Puis il se rendit à Fez.

Le Sultan allait à cette dernière ville, venant du Maroc, et faisait étape à Rabat, quand la terrible nouvelle lui parvint. Il activa alors son voyage vers sa capitale et, pendant la route, on lui rendit compte de deux autres événements graves : il s'agissait du bombardement de Tanger et de Mogador par les navires de guerre français.

Des milliers de boulets ou obus furent lancés sur ces villes. La dernière fut, en outre, le théâtre de troubles sérieux provoqués par la population flottante qui s'y trouvait et par la tribu des Chidhema, campée sous les murs de ce port.

Quand ces vagabonds virent que les marins débarquaient dans l'île, ils pensèrent que la ville aussi allait être occupée, et ils en profitèrent pour mettre à sac cette malheureuse cité, en commençant par le quartier juif.

Dois-je décrire toutes les horreurs qui s'y commirent ? Ma plume s'y refuse.

Ce nouveau malheur augmenta la douleur et la colère de l'Empereur. Il ordonna aussitôt l'arrestation des principaux chefs militaires qui se trouvaient dans Mogador et, pour les punir, leur fit couper la barbe.

Menouil prétend, dans son ouvrage, que, le jour de la bataille d'Isly, l'armée française ne comptait que dix mille combattants et qu'elle n'avait qu'un objectif : châtier les tribus avoisinant la frontière, qui étaient toujours en état de guerre avec la France.

Cet historien affirme aussi que cette nation avait promis par écrit, à l'Angleterre, de ne prendre aucune parcelle du territoire marocain, si elle déclarait la guerre et était victorieuse.

Tel est le motif qui a obligé les plénipotentiaires français à demander la paix aussitôt après la bataille.

Ne croyez pas que le sultan Mouley-Abd-Er-Rahman eut, devant ce désastre, un moment de découragement. Une semblable faiblesse n'était pas compatible avec l'énergie de son caractère. Il se mit à l'œuvre, au contraire, avec une activité fébrile, et commença sur-le-champ à recruter des soldats et à reconstituer un nouveau matériel de guerre.

Ce fut le gouverneur de Tanger, Araïch-Bou-Selahm ben Ali-Azetout, qui fut chargé d'entrer en négociations avec les chrétiens.

Les clauses du traité étaient au nombre de huit. L'une d'elles portait qu'Abd-El-Kader devait être expulsé du pays. Il avait été reconnu que sa présence dans cette région était sans utilité et soulevait des difficultés entre les deux Etats.

A ce moment, les intérêts généraux de l'empire obligèrent le Sultan à faire abandon au Danemark et à la Suède du tribut qu'ils lui payaient. Les Danois lui versaient chaque année 25.000 piastres et les Suédois 20.000. La même mesure fut prise pour plusieurs autres redevances.

Tout est entre les mains de Dieu! Nul ne pourra lui demander ce qui motive ses décrets, tandis que nous, nous devons lui rendre compte de notre conduite.

GUERRE HISPANO-MAROCAINE

(1859-1860)

Causes de la guerre.

Au mois d'août 1859, les Espagnols avaient entrepris d'augmenter les fortifications de Ceuta, un de leurs présides de la côte africaine (1).

Un matin, le 11 août, ils constatèrent que les ouvrages commencés avaient été détruits et que les bornes servant à indiquer les limites entre les possessions espagnoles et l'empire du Maroc avaient été arrachées.

Le jour même, 500 à 600 Marocains attaquaient la garnison espagnole, qui les repoussait assez facilement.

Le gouvernement espagnol demanda aussitôt satisfaction à l'Empereur du Maroc en lui donnant un délai de dix jours.

Sur ces entrefaites, ce dernier mourut et son successeur, vu les circonstances, demanda que le délai fût prolongé de vingt jours, ce qui fut accordé par le cabinet de Madrid.

---

(1) Ceuta, qui, sous la domination romaine, était la capitale de la Mauritanie tingitane, a toujours présenté une grande importance stratégique. C'est dans son port que s'embarquèrent toutes les hordes arabes qui, au moyen âge, s'emparèrent de l'Espagne, puis, traversant les Pyrénées, envahirent la Narbonnaise et la France.

Pendant ces négociations, de nouvelles agressions eurent lieu contre la garnison de Ceuta, agressions commises par les Riffains (peuplade montagnarde qui habite le long de la côte), dont il était assez difficile de rendre le Sultan responsable.

A l'expiration du délai de vingt jours, les Marocains en sollicitèrent un troisième de neuf jours qui fut encore accordé; mais, cette fois, l'Espagne exigeait la cession des hauteurs qui commandaient les ouvrages de la place de Ceuta.

Le 11 octobre 1859, le Sultan faisait connaître au consul espagnol à Tanger qu'il donnait toute satisfaction aux demandes formulées par le cabinet de Madrid.

Mais ce dernier émit alors de nouvelles prétentions, véritablement humiliantes pour le gouvernement marocain et qu'il ne pouvait vraiment accepter.

Le ministre des Affaires étrangères de l'Empereur du Maroc répondit qu'il en référerait à son maître.

Le gouvernement espagnol se saisit aussitôt de ce prétexte pour rompre les négociations et déclarer que « le sort des armes déciderait dès lors entre l'Espagne et le Maroc ».

C'était la guerre et, en toute justice, on ne peut s'empêcher de constater qu'elle était absolument voulue, cherchée par l'Espagne (1).

D'ailleurs, la situation politique à cette époque explique très clairement quel était le but du gouvernement espagnol en recommençant la guerre nationale par excellence, la guerre contre le Maure.

Nous sommes en 1859 ; l'Espagne vient de traver-

---

(1) Cet incident de Ceuta, que l'on ne fit pas naître, dit M. de Lavigne dans *Les Espagnols au Maroc*, mais dont on ne chercha pas à atténuer la portée, fut considéré comme un fait providentiel dans la situation où l'Espagne se trouvait alors.

ser une longue période de *pronunciamentos*, de guerres civiles, qui avait été pour l'armée une véritable école d'indiscipline. Le général O'Donnel, qui possédait toute la confiance de la souveraine Isabelle II, et qui avait véritablement l'âme d'un soldat, eut conscience que le meilleur moyen d'empêcher l'ère des guerres civiles de se rouvrir était d'avoir un gouvernement fort, s'appuyant sur une armée nationale (1).

La vie de garnison n'était certes pas faite pour obtenir une telle armée; l'officier et le soldat espagnols venaient de montrer, pendant toute cette époque malheureuse de guerres civiles, une tendance caractéristique à se mêler aux mouvements politiques. Il fallait donc couper court à ce genre d'existence; le seul moyen, c'était la guerre, et une guerre nationale, où tous les partis de la veille marcheraient côte à côte, sans d'autre préoccupation que de soutenir le vieux renom espagnol.

Et voilà pourquoi, malgré le désir très sérieux du nouvel Empereur du Maroc Sidi-Mohammed (le vaincu d'Isly) de donner toute satisfaction aux Espagnols, le général O'Donnel n'en fit pas moins déclarer la guerre, qui fut non seulement une guerre dynastique, mais aussi une guerre nationale par excellence, puisqu'elle mit de nouveau une fois de plus face à face l'Espagnol et le Maure, l'étendard d'Isabelle la Catholique et le drapeau vert de Mahomet.

---

(1) Voir aux annexes la biographie du **général O'Donnel**.

Rôle de l'Angleterre dans la période qui précéda les hostilités.

Avant de commencer l'étude de cette guerre, nous tenons tout particulièrement à indiquer le rôle joué par l'Angleterre pendant les négociations qui ont précédé la campagne.

Il en ressortira une fois de plus la conclusion habituelle : c'est que toutes les fois que la Grande-Bretagne a voulu parler haut, selon son habitude, et qu'elle s'est trouvée en face d'un gouvernement énergique, ses menaces même n'ont servi absolument à rien et elle a été obligée..... de laisser faire.

Il nous a paru intéressant de signaler ce cas, qui est des plus instructifs et permet de juger comme ils le méritent les événements historiques analogues.

Déjà, à cette époque, l'Angleterre n'était qu'un vaste comptoir, et toute sa politique consistait à produire « beaucoup et à bon marché »; mais cette politique entraînait comme corollaire de vendre également « beaucoup ».

De là, comme le firent plus tard les autres nations européennes, une préoccupation constante de s'assurer des débouchés, quitte à les ouvrir au besoin à coups de canon.

Elle inaugurait, en somme, la politique européenne qui caractérise la fin du XIX° siècle, et qui nous a fait passer des guerres dynastiques aux guerres économiques.

Très partisan, en conséquence, de la politique « de la porte ouverte », elle ne pouvait voir sans inquiétude une puissance, même comme l'Espagne, venir s'implanter au Maroc, où elle pourrait porter le plus grand préjudice à ses intérêts commerciaux.

Enfin, il était certain que Tanger, tombant entre les mains d'une puissance européenne, diminuait considérablement l'importance stratégique de Gibraltar.

Aussi, dès que le gouvernement anglais apprit que l'Espagne se livrait à des préparatifs sérieux en vue d'une guerre contre le Maroc, fit-il tous ses efforts pour empêcher l'expédition d'avoir lieu. Et nous allons voir les Anglais employer leurs moyens d'intimidation habituels.

Dès le commencement de septembre, l'ambassadeur anglais à Madrid annonçait au ministère des affaires étrangères espagnol que le gouvernement anglais avait décidé d'envoyer des forces navales assez sérieuses à Gibraltar « pour assurer la sécurité de ses nationaux menacée par l'anarchie qui régnait au Maroc ».

Quelques jours plus tard, le 12 septembre, le cabinet anglais offrait ses bons offices pour le prompt arrangement des affaires pendantes entre le Maroc et l'Espagne.

Le ministre des affaires étrangères, M. Collantès, répondit qu'il n'appartenait qu'à l'Espagne seule de laver l'injure faite à son pavillon.

L'ambassadeur anglais déclara alors que son gouvernement considérait comme une « question grave » toute attaque des Espagnols contre les ports marocains et surtout contre Tanger.

Il lui fut répondu que l'Espagne ferait tout ce que lui commanderait le soin de son honneur.

C'est alors que l'ambassadeur anglais recourut à la production de la fameuse note confidentielle du ministre des affaires étrangères du cabinet de Saint-James, et d'après laquelle il était spécifié que « si la marine espagnole commençait les hostilités contre

Tanger, le gouvernement de la Grande-Bretagne donnerait à son escadre l'ordre de protéger cette place ».

M. Collantès ayant demandé copie de cette dépêche, pour la produire aux yeux de l'Europe et faire appel à son jugement, l'ambassadeur anglais refusa de la donner.

Et l'Espagne n'en déclara pas moins la guerre au Maroc.

Nous devons, toutefois, ajouter que, dans la circulaire envoyée aux puissances le 29 octobre pour leur notifier la déclaration de guerre au sultan Sidi-Mohammed, le cabinet espagnol se déclarait « exempt de toute vue ambitieuse » et prenait l'engagement « de n'occuper d'une manière permanente aucun port dont la possession pourrait donner à l'Espagne une supériorité dangereuse pour la libre navigation de la Méditerranée ».

Quoi qu'il en soit, l'Angleterre, qui avait tout fait pour empêcher cette guerre, n'avait pu arriver à ses fins, et cela, comme nous le faisions remarquer précédemment, malgré tous les procédés d'intimidation et autres auxquels, suivant son habitude, elle avait eu recours.

Elle interviendra, il est vrai, avec plus de succès à la fin de la guerre, mais à ce moment les circonstances auront bien changé.

COMPOSITION DU CORPS EXPÉDITIONNAIRE

Bien que la guerre n'ait été déclarée que le 22 octobre, dès le 10 le gouvernement espagnol avait fixé la composition du corps expéditionnaire. Il devait comprendre trois corps d'armée dont l'organisation fut hâtée autant que possible; mais, comme on le verra dans la suite de cette étude, ils ne purent être formés et envoyés en Afrique que successivement.

La composition du corps expéditionnaire était la suivante :

Général en chef : le général O'Donnel.

ÉTAT-MAJOR GÉNÉRAL	Officiers ou assimilés.
Général chef d'état-major	1
Officiers d'état-major	10
Service de l'artillerie	3
— du génie	3
— de santé	12
— vétérinaire	3
— administratifs	13
Aides de camp (1)	19
Chroniqueur de l'expédition	1
Directeur de l'imprimerie	1
Interprètes	2
Justice militaire	3

1er CORPS

Une brigade d'avant-garde (deux demi-brigades à deux bataillons chacune).

Une division comprenant : deux brigades, un escadron, trois compagnies d'artillerie ou batteries (dix-huit pièces); génie (une compagnie). — Force publique : 15 hommes à pied, 15 hommes à cheval.

2e CORPS

Deux divisions.
Cavalerie : un escadron.
Artillerie : trois escadrons montés (douze pièces); une compagnie de montagne (six pièces).
Génie : une compagnie (100 hommes).
Force publique : 15 hommes à pied, 15 hommes à cheval.

---

(1) On nous reproche quelquefois le luxe de nos états-majors : on voit que, de ce côté, le corps expéditionnaire n'avait rien à nous reprocher, surtout en ce qui concerne les aides de camp.

3ᵉ CORPS

Deux divisions.
Cavalerie : un escadron.
Artillerie : deux escadrons montés (huit pièces); une compagnie de montagne (six pièces).
Génie : une compagnie (100 hommes).
Force publique : 15 hommes à pied, 15 hommes à cheval.

DIVISION DE RÉSERVE (1).

Une brigade d'infanterie.
Une brigade mixte comprenant : 1ʳᵉ demi-brigade (deux batteries et demie d'artillerie à pied, un demi-escadron d'artillerie à cheval); 2ᵉ demi-brigade (deux bataillons du génie, trois escadrons d'artillerie montés) (seize pièces).
Artillerie : soixante-dix pièces.
Un parc d'artillerie, un parc du génie, un équipage de ponts.

DIVISION DE CAVALERIE

1ʳᵉ brigade : quatre escadrons de cuirassiers, un escadron de hussards.
2ᵉ brigade : quatre escadrons de lanciers.
Trois escadrons d'artillerie à cheval (douze pièces).
Effectif des escadrons : 133 hommes.

× ×

Chaque commandant de corps d'armée avait auprès de lui un chef d'état-major, un commandant de l'artillerie, un commandant du génie, un sous-intendant.

En résumé, le corps expéditionnaire comprenait en tant que combattants :

Trente bataillons d'infanterie;
Dix-huit bataillons de chasseurs;
Douze escadrons de cavalerie;

---

(1) La division se composait, en principe, de deux brigades comprenant chacune deux demi-brigades (régiments) à deux bataillons. Les bataillons étaient à l'effectif de 800 hommes environ et comptaient six compagnies.

Quinze compagnies du génie;
Trois escadrons et demi d'artillerie à cheval ;
Huit escadrons d'artillerie montée;
Deux batteries et demie d'artillerie à pied;
Cinq compagnies d'artillerie de montagne.

L'effectif total se montait à 45.000 hommes et 3.000 chevaux, auxquels il faut ajouter 9.000 hommes qui furent envoyés dans le cours de la campagne, soit un total de 54.000 hommes et 3.000 chevaux.

En dehors de ces combattants, le corps expéditionnaire était pourvu de services divers (service de santé, services administratifs, train des équipages), dont les effectifs peuvent être évalués à 2.000 hommes et 1.500 chevaux et mulets.

Le corps de santé comprenait 100 médecins et 700 infirmiers, affectés aux corps de troupe ou aux ambulances.

Les services administratifs comptaient 100 fonctionnaires de l'intendance et 130 hommes (1).

L'équipage de pont comprenait deux divisions : la première munie de pontons en fer, la seconde de pontons en bois, transportés sur des chariots.

Armement de l'infanterie.

Fusils et carabines rayés;
Fusils ordinaires;
Munitions : 20 millions de cartouches.

Armement de l'artillerie.

Pièces de 8 et de 12 rayées;

---

(1) Ces 130 hommes constituaient une compagnie d'ouvriers d'administration, chargée du service des vivres, de la fabrication du pain dans les fours de campagne, de la garde du troupeau et de la distribution de la viande. Cette compagnie fut bientôt insuffisante, en tant qu'effectif et on en organisa deux autres.

Pièces courtes de 8 rayées;
Pièces de 8 ordinaires;
Pièces de siège de 24, de 16 et de 12 rayées;
Mortiers de 32;
Mortiers de 27.

MOYENS DE TRANSPORT

Ainsi que nous le verrons ultérieurement dans la suite de cette étude, le corps expéditionnaire espagnol, pendant la plus grande partie de cette guerre, suivit les côtes et put ainsi se faire accompagner constamment par des bâtiments-transports qui constituèrent de véritables convois flottants, assurant (en théorie) le ravitaillement en vivres, munitions, ainsi que les évacuations.

Il y avait néanmoins à s'occuper de faire transporter, pendant cette première période, tout le matériel dont les troupes pouvaient avoir un besoin immédiat : bagages des officiers, caisses à munitions, matériel du génie, du service de santé, etc.

Le manque complet de routes dans toute la région où on allait être appelé à opérer excluait *a priori*, en tant que moyens de transport, l'emploi de voitures.

Les Espagnols adoptèrent le mulet et s'en trouvèrent bien.

L'organisation des troupes du train fut assez bizarre : les conducteurs étaient civils, mais organisés militairement.

Elles furent réparties en brigades, chaque brigade comprenant environ quarante bêtes de somme et huit conducteurs placés sous le commandement d'un chef de brigade ayant rang de sous-officier.

En tant que moyen de transport, les officiers disposaient pour leurs bagages de deux mulets par compagnie.

Par contre, à en croire les auteurs espagnols qui se sont occupés de cette campagne, ainsi que le major bavarois Schlagintweit, qui a pris part à cette guerre en qualité d'attaché militaire, le nombre de mulets affectés aux quartiers généraux était tout à fait exagéré.

Dans la dernière partie de l'expédition (marche sur Tanger), il n'était plus possible de compter sur la flotte : sans s'éloigner beaucoup des côtes, on ne s'en engageait pas moins en plein dans l'intérieur du pays; la question des moyens de transport devenait donc capitale.

Les Espagnols utilisèrent cette fois encore le mulet dans la plus large mesure possible, mais recoururent également au chameau (1); des officiers du corps expéditionnaire furent envoyés en Algérie, où ils purent acheter un nombre assez considérable de ces animaux et de là les faire transporter à Tétouan.

LA CONCENTRATION

Le gouvernement espagnol, qui, nous l'avons vu, avait fait tout son possible pour avoir « sa guerre », avait profité des deux mois que durèrent les négociations pour pousser activement ses préparatifs.

---

(1) L'expérience de toutes les expéditions qui ont eu lieu dans le nord de l'Afrique a, d'ailleurs, montré que les moyens de transport vraiment pratiques, dans ce genre de pays, sont le mulet et le chameau ; le premier pour les régions montagneuses, le second pour la plaine. On augmente encore considérablement la capacité de transport du mulet en l'attelant à une « araba », cette voiture si rudimentaire, si peu coûteuse (200 francs) qui porte près de 400 kilogrammes et qui passe presque partout.

Les opérations de recrutement, qui ne devaient avoir lieu qu'au printemps de 1860, furent avancées et fixées au mois d'octobre de 1859; elles eurent lieu d'ailleurs dans de bonnes conditions, en raison du caractère « national » que revêtait cette guerre.

Le 1ᵉʳ corps reçut l'ordre de se concentrer à Algésiras;

Le 2ᵉ, à Cadix;

Le 3ᵉ, à Malaga;

Le corps de réserve, au camp de San-Roques, près de Gibraltar, et à Antequerra;

La division de cavalerie, à Puerta de Santa-Maria.

Comme plus tard l'armée française en 1870, l'armée espagnole, à cette époque, n'était pas organisée dès le temps de paix en corps d'armée, même pas en divisions, ce qui produisit des retards considérables dans la constitution de ces nouvelles unités, et ne permit de jeter sur la côte d'Afrique les différents corps que les uns après les autres.

L'Espagne était même si peu organisée au point de vue commandements militaires que, le 4 novembre 1859, quelques jours avant le départ du corps expéditionnaire, le général O'Donnel faisait paraître un décret répartissant le royaume en cinq grands districts, commandés chacun par un officier général.

Comme troupes, ils devaient comprendre environ l'effectif d'un corps d'armée (après le retour du corps expéditionnaire).

L'Espagne, après les longues guerres civiles qu'elle venait de traverser, n'était pas mieux partagée au point de vue de la marine, et le manque de vaisseaux contribua également, pour une large part, à l'arrivée tardive des 2ᵉ et 3ᵉ corps sur les côtes d'Afrique. Elle possédait :

1° Comme éléments de combat : un vaisseau, trois

frégates, deux corvettes, onze vapeurs et trois petits voiliers;

2° Comme transports : neuf vapeurs et deux hourques auxquels on put joindre pendant les opérations: un vaisseau, une frégate, une brigantine.

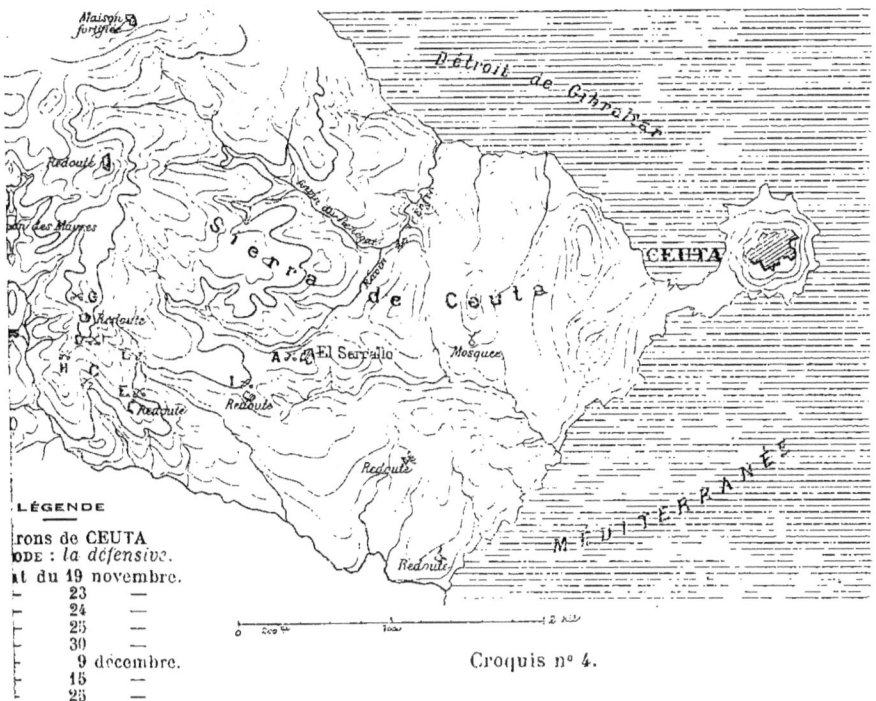

Croquis n° 4.

Il fallut encore distraire un certain nombre d'éléments de combat pour procéder au blocus de Tétouan, Tanger et Larache, décidé en conseil des ministres le 12 octobre.

Enfin, le 18 novembre, le 1ᵉʳ corps s'embarquait pour Ceuta, qu'il atteignait le 19 au matin.

LES OPÉRATIONS

Cette campagne étant surtout intéressante au point de vue des opérations conduites par les Espagnols, nous l'avons divisée en trois parties : la défensive, la marche sur Tétouan, puis la marche sur Tanger.

La première partie (défensive) comprendra tous les combats livrés par les Espagnols dans les environs de Ceuta et qui furent des combats purement défensifs.

La deuxième partie (marche sur Tétouan) sera le récit des opérations qui eurent lieu depuis le départ de Ceuta, jusqu'à l'occupation de Tétouan.

Enfin, dans la troisième partie (marche sur Tanger), sera exposée la fin de la campagne, depuis le départ de Tétouan jusqu'à la bataille de Vad-Ras.

I. — La défensive

Pendant cette première partie de la guerre, les opérations se déroulèrent uniquement dans les environs immédiats de Ceuta, sur les dernières pentes d'un des contreforts de l'Atlas appelé la Sierra-Bullones. (Croquis n° 4.)

Toute cette région est particulièrement accidentée, couverte de bois, sillonnée de ravins et arrosée de nombreux cours d'eau; en somme, terrain éminemment favorable aux Marocains et à leur tactique séculaire, visant avant tout la surprise, la guerre d'embuscades.

Le 19 novembre au matin, le commandant du 1er corps envoyait des reconnaissances pour explorer le terrain à l'ouest de l'isthme de Ceuta, puis se dirigeait, avec toutes ses forces, vers un monticule appelé Serrallo, occupé par les Marocains (1).

Ceux-ci, à la vue des troupes espagnoles, évacuèrent une sorte de fortin situé sur cette hauteur et sans présenter, d'ailleurs, une grande résistance.

Le 1er corps bivouaqua tout à l'entour du Serrallo.

Un incident assez caractéristique se produisit dans l'après-midi : un bataillon de chasseurs (de Catalogne), qui avait été détaché à 1 kilomètre de là environ pour couvrir l'installation du camp, reçut l'ordre, vers 1 heure, de rejoindre le gros du corps d'armée. A peine commençait-il son mouvement que son arrière-garde, très faiblement constituée, était assaillie par les Marocains, qui lui mettaient 6 hommes hors de combat. Force fut au bataillon de revenir sur ses pas et de réoccuper ses premières positions, pour dégager son arrière-garde.

Nous verrons ce fait se reproduire plusieurs fois pendant la campagne, comme il s'était produit bien souvent aussi dans nos guerres d'Algérie.

L'état-major espagnol, ainsi que le prouvent les instructions données au début des opérations, s'était pourtant fortement inspiré de ces campagnes : cependant, il semble que les officiers des corps de troupe n'en étaient pas suffisamment pénétrés puisque, dès le premier jour, ils retombaient dans les mêmes fautes que celles qui leur avaient été signalées.

× ×

19, 20, 21 novembre. — Les jours suivants, le général Echague, commandant le 1er corps d'armée, fit entourer le camp de retranchements et construire un

---

(1) Le Serrallo était autrefois un vaste et magnifique palais maure : un Alhambra.

certain nombre de redoutes destinées à en battre les environs.

Il avait, en effet, reçu pour mission d'assurer au corps expéditionnaire l'espace nécessaire pour pouvoir débarquer en toute sécurité et de se tenir ensuite sur la défensive jusqu'à l'arrivée des autres corps d'armée.

22 novembre. — Vers 11 heures du matin, les troupes espagnoles qui travaillaient aux retranchements entendirent tout à coup de véritables hurlements, suivis bientôt d'une vive fusillade; c'étaient les Marocains qui attaquaient, après avoir surpris les postes avancés.

Ce fut un combat sérieux, puisqu'il fallut engager une grande partie du corps d'armée pour repousser l'attaque; les Marocains arrivèrent jusqu'à 30 mètres des retranchements et montrèrent un acharnement, un esprit d'offensive vraiment extraordinaires.

Il fallut exécuter plusieurs charges à la baïonnette pour les rejeter définitivement hors du champ de bataille.

Au dire des auteurs espagnols, « à un certain moment 4.000 Maures, jetant leurs fusils, tirèrent leur poignard et se précipitèrent sur les pièces dont ils essayèrent de s'emparer. Les canonniers durent engager une lutte corps à corps ».

Les pertes des Espagnols furent assez sensibles : 6 (1) morts, 48 blessés, dont 3 officiers.

× ×

Cette surprise n'a rien d'extraordinaire si l'on se reporte aux instructions données par le général Echa-

---

(1) D'après les renseignements fournis par le commandant de la *Mouette*, aviso français, qui croisait sur la côte, les Espagnols auraient eu 10 tués (au lieu de 6).

gue : d'après ces dernières, les grand'gardes devaient être placées à 150 mètres des retranchements, et les postes avancés (petits postes) à 100 pas plus loin avec quelques sentinelles en avant d'eux.

Voilà donc un camp qui est protégé dans un rayon de 400 pas environ, et cela en plein jour, puisque les Marocains attaquèrent vers 11 heures du matin.

Cependant, le maréchal Bugeaud, déjà à cette époque, avait préconisé les avant-postes aussi éloignés que possible du camp à protéger. Il ajoutait encore que les avant-postes n'étaient pas tant la « cuirasse que les yeux de l'armée ».

C'est dans ce combat que, pour la première fois, les Espagnols se servirent de la baïonnette, et cela leur réussit si bien que, dans le cours de la campagne, ils y recoururent presque constamment.

Toutes les fois, d'ailleurs, que deux adversaires se sont trouvés en présence, et que l'un d'eux n'était pas pourvu de baïonnette, l'effet moral de l'arme chère à Souvarow a été considérable (guerre du Tonkin, guerre du Transvaal, pour ne citer que les plus connues).

× ×

23 novembre. — Le 23 novembre, nouvelle attaque des Marocains, qui, cette fois, fut assez facilement repoussée.

× ×

24 et 25 novembre. — Il n'en fut pas de même de celles du lendemain et du surlendemain, qui donnèrent lieu à des combats sanglants. Là, encore, le général Echague fut obligé de mettre en ligne une bonne partie de ses troupes, qui, au dire des Espagnols, eurent à lutter contre plus de 8.000 Marocains.

Ceux-ci s'avançant en masses profondes, l'artillerie ouvrit le feu et tira à mitraille mais vainement, ils avançaient toujours, « rugissants comme une troupe de lions, effrayants comme la tempête », nous dit dans son emphase latine l'auteur espagnol Evaristo Ventoso.

Il fallut recourir à la baïonnette.

Les Marocains montrèrent, dans ces deux journées, peut-être plus d'acharnement que dans les premiers combats; ils se jetèrent encore sur les pièces de canon, engagèrent un combat corps à corps avec les officiers et les artilleurs, qui durent les repousser à coups de sabre, d'écouvillon et de levier, non sans avoir d'abord essayé d'arrêter leurs assaillants par plus de soixante coups à mitraille.

Le 25 novembre, notamment, les pertes des Espagnols furent sensibles : les bataillons de Madrid et d'Alcantara eurent à eux seuls plus de 250 hommes hors de combat (1).

Pendant ces deux journées, on voit constamment les généraux sur la ligne de feu, parlant à leurs hommes, les entraînant à l'assaut, bref remplissant absolument le rôle de chefs d'escouade.

Le général en chef lui-même, Echague, donne l'exemple : il a un cheval tué sous lui, on lui en amène un autre sur lequel il s'élance au plus fort du danger. Il est blessé, le général Gasset prend le com-

---

(1) Ce même jour, un des vaisseaux de l'escadre française (le *Saint-Louis*), passant en vue de Tétouan, fut canonné par l'artillerie d'un fortin de cette ville.
Le lendemain, la *Bretagne*, le *Saint-Louis*, la *Foudre*, la *Tisiphone* se présentèrent devant Tétouan et criblèrent de projectiles le fortin, dont les pièces avaient tiré la veille sur le *Saint-Louis*.

mandement de toutes les forces et se porte aussitôt de sa personne en première ligne.

Ce n'est plus ainsi que nous entendons l'exercice du commandement ; mais il y a lieu de se rappeler que ces faits se passaient en 1859 et que 1870, malheureusement, nous en a encore fourni de nombreux exemples.

Aujourd'hui, on est unanime à reconnaître que ce n'est pas dans ce sens que doit agir la *furia* latine.

× ×

Le général O'Donnel, se rendant compte que la continuation de la défensive pouvait conduire à un désastre et, en tout cas, contribuait grandement à développer l'esprit offensif des Marocains, faisait tout son possible pour hâter l'embarquement des autres corps.

Malheureusement, ainsi que nous l'avons vu, la marine ne pouvait disposer que d'un nombre restreint de bâtiments, si bien que, le 28 novembre, c'est à grand'peine si le 2ᵉ corps (général Zabala) et la division de réserve (général Prim) (1) avaient pu rejoindre le 1ᵉʳ corps sur la terre africaine.

Le général O'Donnel, qui avait débarqué en même temps que le 2ᵉ corps, disposait alors de 25.000 hommes, mais manquait de la plus grande partie du matériel qu'il avait demandé.

Il ne se crut pas assez fort pour prendre l'offensive et écrivit au gouvernement qu'il ne marcherait pas de l'avant « tant que la marine n'aurait pas activé ses transports ».

---

(1) Voir aux annexes la biographie du général Prim.

× ×

Jusqu'au 30 novembre, les Marocains ne donnèrent pas signe de vie; l'armée espagnole en profita pour terminer les redoutes commencées (au nombre de cinq), qui protégeaient les bivouacs dans les directions dangereuses et constituaient ainsi un véritable camp retranché.

× ×

30 novembre. — Les Espagnols repoussèrent assez facilement une attaque des Marocains. Le 1er corps seul fut engagé.

Ils poursuivirent assez loin les assaillants, mais, la nuit venue, rentrèrent dans leur camp qu'ils regagnèrent sans être inquiétés.

Ils eurent encore néanmoins 350 hommes tués ou blessés (1).

× ×

9 décembre. — Nouveau calme jusqu'au 9 décembre.

A cette date, et au moment où les clairons sonnaient la diane, les sentinelles signalèrent les forces ennemies qui s'avançaient à peu près dans toutes les directions.

Le combat dura toute la matinée; il fut caractérisé

---

(1) Dans ce combat, les Marocains firent preuve d'un acharnement et aussi d'un héroïsme vraiment extraordinaires. Au dire des écrivains espagnols « 200 ou 300 Marocains, refoulés dans un ravin qui n'avait d'issue que vers la mer et ayant épuisé leurs munitions, refusèrent de se rendre. Le plus grand nombre se noya. Le reste, rampant au milieu des broussailles, poussant des cris féroces, se défendant des dents et des ongles, se laissa mitrailler et massacrer jusqu'au dernier ».

par ce fait que, pour la première fois, les Marocains parurent « manœuvrer ». Jusque-là, dans les combats antérieurs, ils se jetaient en masse sur les lignes espagnoles et tâchaient de faire le « trou »; ce jour-là ils se dirigèrent sur des bois qui se trouvaient à peu près au centre des positions ennemies et, s'en servant comme point d'appui, tentèrent de couper en deux les Espagnols. A un certain moment, un corps d'environ 4.000 Marocains se dirigea vers la droite espagnole pour essayer de la tourner. Enfin de nombreux cavaliers isolés, aux allures rapides, apparaissaient sur le champ de bataille, semblant aller porter des ordres aux différentes fractions marocaines.

On apprit plus tard que Muley-Abbas, le frère de l'Empereur, était arrivé la veille à la tête de 3.000 hommes, et que c'était lui ce jour-là qui dirigeait l'attaque.

Elle n'en fut pas moins repoussée.

Au moment où les troupes espagnoles se retiraient dans leur camp, les Marocains, suivant leur habitude, se préparèrent à se jeter sur les arrière-gardes ; mais, le mouvement ayant été arrêté, ils s'éloignèrent vers l'Ouest.

Ce jour-là ils engagèrent 8.000 à 10.000 fantassins et 200 à 300 cavaliers.

Les Espagnols eurent 372 hommes hors de combat.

Vers le 10 décembre, le 3ᵉ corps d'armée, à l'effectif de 12.000 hommes, débarquait à Ceuta.

Le corps expéditionnaire était donc au complet, mais le matériel d'artillerie manquait encore et le général O'Donnel se crut obligé de nouveau de temporiser.

Les Marocains, bien que subissant des revers, n'en voyaient pas moins les Espagnols, après chaque affaire, se retirer dans leurs camps; ils pouvaient donc se considérer comme vainqueurs et leur audace croissait de jour en jour, ainsi que leurs renforts d'ailleurs (1).

× ×

15 décembre. — Aussi, le 15 décembre, tentèrent-ils un suprême effort ; ils engagèrent 12.000 à 15.000 fantassins et un millier environ de cavaliers.

Ils ne parvinrent pas à percer les lignes des Espagnols, mais plusieurs fois ces derniers durent recourir à la baïonnette pour repousser leurs adversaires.

15 au 30 décembre. — Jusqu'à la fin du mois, l'armée espagnole eut encore à soutenir un combat assez sérieux (le 25) et une série d'engagements qui ne modifièrent pas sensiblement les positions des deux partis.

Pendant cette seconde quinzaine de décembre, la division de réserve (général Prim) reçut pour mission de construire une route carrossable partant de Ceuta et se dirigeant sur Tétouan.

Aussi voit-on les Marocains, pendant cette période, tout en continuant à harceler les avant-postes espagnols et pousser même des attaques à fond sur les redoutes, prendre surtout comme objectif la gauche espagnole et chercher à empêcher la construction de cette route.

Opérations de la flotte.

Le 29 décembre, la flotte espagnole, commandée

---

(1) L'armée espagnole, disait un journal anglais, le *Herald*, est en fuite devant les Maures toujours victorieux.

par l'amiral Herrera et comprenant environ une dizaine de bâtiments, avait paru devant Tétouan.

Elle avait bombardé le fort Martin ainsi qu'une batterie marocaine situés à l'embouchure de la rivière de Tétouan et couvrant cette ville sur le front de mer.

Ce bombardement ne produisit absolument aucun résultat, pas plus au point de vue matériel que moral.

Enfin, le 31 décembre, le général O'Donnel, ayant reçu le complément de son matériel, annonça au corps expéditionnaire qu'on allait se porter sur Tétouan.

Il était temps, d'ailleurs, de prendre l'offensive et de quitter Ceuta : le choléra faisait rage, dû à la fois au manque complet de mesures hygiéniques dans les camps mêmes, à la rigueur de la température, aux pluies continuelles et surtout à la grosse agglomération de troupes sur un espace relativement restreint.

Enfin l'opinion publique en Espagne commençait à trouver la préparation, la « temporisation » un peu exagérée et réclamait impérieusement, avec le corps expéditionnaire, « la marche en avant ».

II. — L'OFFENSIVE

Marche sur Tétouan.

1ᵉʳ janvier 1860. — Le 1ᵉʳ janvier 1860, les 2ᵉ et 3ᵉ corps et la division de réserve se mirent en marche sur Tétouan; le 1ᵉʳ corps était chargé de garder le camp de Serrallo, qui constituait, dès lors, la base d'opérations de l'armée espagnole.

De Ceuta à Tétouan, la côte, comme celle des environs de Nemours, d'ailleurs, se compose d'une série de contreforts coupés par intervalles de gorges profondes et qui, en s'évasant, forment des espèces de golfes terrestres et même plusieurs vallées.

Le terrain est, toutefois, moins accidenté, moins boisé que les environs immédiats de Ceuta et beaucoup plus favorable à la marche, aux déploiements d'une armée régulière. Les Espagnols allaient avoir à traverser quatre vallées parallèles entre elles, perpendiculaires à la côte, dont l'une assez marécageuse (le Rio-Manuel), mais séparées par des hauteurs en général peu élevées et assez accessibles. La dernière vallée, celle de Tétouan, largement ouverte, un peu marécageuse au bord de la mer, mais couverte ensuite de jardins, vergers, champs de toutes sortes, allait permettre à l'armée espagnole de combattre sur un terrain où elle retrouverait tous les avantages dus à son organisation et à sa discipline. (Croquis n° 5.)

Bataille de Castillejos.
(1er janvier 1860.)

Dès que les Marocains s'aperçurent du mouvement offensif des Espagnols, ils se jetèrent en masse sur leur flanc droit pour les arrêter. Ils furent repoussés après un engagement assez chaud.

Les colonnes espagnoles furent, en effet, serrées de très près; les fantassins marocains, fidèles à leur tactique ordinaire, surgissaient tout à coup d'un pli de terrain, déchargeaient leurs armes, disparaissaient, puis revenaient bientôt, réapparaissant au milieu des obstacles de tout genre dont le terrain était parsemé.

Pour la première fois depuis le début de la campagne, la cavalerie espagnole eut l'occasion de charger; mais, entraînée par son ardeur, elle se précipita au milieu de l'infanterie marocaine et fut décimée.

Les pertes furent très grosses dans cette journée : plus de 700 hommes tués ou blessés chez les Espagnols, 2.000 du côté des Marocains.

L'armée espagnole continua sa marche sur Tétouan; attaquée deux fois par les Marocains, elle les repoussa assez facilement et cependant, du 1er au 7 janvier, elle ne franchit que 16 kilomètres.

Le camp de la « Faim ».
(Camp de l'Azmir.)

Le 7, elle stationna trois jours dans le camp de l'Azmir pour attendre des vivres.

Jusque-là, le général O'Donnel avait pu faire ravitailler le corps expéditionnaire par la flotte qui marchait à sa hauteur et qui, chaque jour, faisait les distributions nécessaires.

Mais le 7, à la suite d'une de ces violentes tempêtes si fréquentes dans ces parages, la flotte fut obligée de gagner le large pour éviter d'être brisée sur les côtes; l'armée attendit vainement pendant trois jours la fin de la tempête et le retour de ses *convois flottants*.

Cet épisode, que relatent tous les auteurs espagnols, est assez bizarre, et on ne s'explique pas comment une pareille éventualité n'avait pas été prévue par le commandement. Elle démontre, d'ailleurs, une fois de plus, que, lors même que l'on a la bonne fortune de disposer d'une ligne de ravitaillement latérale et aussi pratique que la mer, il est néanmoins absolument indispensable d'avoir, à la suite des troupes, sinon un convoi administratif, tout au moins un convoi régimentaire.

La situation fut assez critique : l'armée n'avait plus de vivres pour les hommes, plus de fourrage pour les chevaux et bêtes de somme (1). Ses magasins flottants avaient disparu et les communications avec Ceuta étaient coupées par les Marocains.

A un moment donné, le général Prim reçut l'ordre de retourner à Ceuta chercher des vivres pour l'armée. Enfin, la flotte parut, après avoir perdu, toutefois, dans la tempête, deux vapeurs, onze canonnières à voile, vingt-quatre chalands.

Combats de Wad-El-Azmir.

10 janvier. — Le 10, les Marocains attaquèrent le camp, mais sans succès; l'affaire néanmoins fut assez chaude.

×

12 janvier. — Le 12, voyant que les Espagnols ne bougeaient toujours pas, ils attaquèrent de nouveau et furent encore repoussés. L'infanterie espagnole les poursuivit à son tour jusque dans leur camp, sans y pénétrer toutefois.

Dans cette journée encore nous voyons le général Prim, qui commandait alors le 2e corps, prendre part lui-même à une charge, à la tête de son état-major.

---

(1) « Les rations étaient épuisées; les mieux approvisionnés du camp en étaient réduits à la galette mouillée dans une eau corrompue. Généraux, officiers et soldats s'étaient mis à ce triste régime, qui consiste à serrer d'un cran le ceinturon du sabre; et pas un bâtiment en vue.

» L'avoine et le foin faisaient aussi défaut; les pauvres mules se mirent à ronger leur bât et n'avaient même pas, pour ressource, cette herbe maigre qu'on avait trouvée jusque-là. » (Yriarte.)

Combat du cap Negro.

Le 14 janvier, le génie ayant terminé la route et les ponts pour l'artillerie et le train, la marche en avant fut reprise.

Les Marocains luttèrent pendant toute la journée du 14, pour empêcher les Espagnols de pénétrer dans la vallée de Tétouan; mais, à la tombée de la nuit, ils furent obligés de se retirer.

Ce jour-là encore les pertes des Espagnols furent assez sensibles : 420 hommes hors de combat.

Débarquement de la division Rios.

16 janvier. — Le 16 janvier, la division Rios (1), à l'effectif de 5.000 hommes, débarqua à l'embouchure du rio Martin et s'empara d'un fort que les Marocains venaient d'évacuer.

Son débarquement fut couvert par le corps expéditionnaire.

Les six jours qui suivirent furent employés à élever des retranchements autour des bivouacs et à les transformer en une sorte de camp retranché qui, dans la pensée du général O'Donnel, devait servir de base d'opérations si l'on était obligé de faire le siège de Tétouan.

La marine en profita également pour débarquer le matériel de siège et une quantité de munitions et de vivres suffisante pour ne plus laisser l'armée à la merci d'une tempête, comme cela venait de se produire.

---

(1) Cette division venait d'être organisée à *Algésiras;* elle se composait de deux brigades, fortes chacune de quatre bataillons et comprenait un peu de cavalerie et d'artillerie.

Combat du rio d'Alcantara.

23 janvier. — Les Marocains, fort étonnés de l'inaction des Espagnols, vinrent attaquer leur camp, mais sans engager des forces importantes : une sorte de reconnaissance offensive.

La cavalerie espagnole trouva l'occasion de charger et, cette fois, instruite par l'expérience, resta à portée de son infanterie (1).

×

29 janvier. — On apprit qu'un autre frère du Sultan, Sidi-Ahmet, venait d'amener dans la place de Tétouan un renfort de 8.000 hommes dont 2.000 cavaliers (4.000 fantassins seulement et 900 cavaliers, suivant le major bavarois Schlagintweit) (2).

Combat de la tour Geleli.

31 janvier. — Avec ce nouveau renfort, l'armée marocaine comptait environ 20.000 à 25.000 hommes (3) qui, le 31, se portèrent à l'attaque des camps espagnols.

---

(1) A ce combat prit part, à la tête des lanciers de Farnesio, le comte d'Eu, petit-fils de Louis-Philippe, qui venait d'arriver et qui suivit le reste de la campagne en qualité d'officier d'ordonnance du général O'Donnel.

(2) « Monté sur une magnifique jument toute blanche, suivi de trois chevaux de main, accompagné de douze caïds du maghzen ou des tribus, Sidi-Ahmet arriva le 29 janvier, à 2 heures de l'après-midi, au camp de Mulay-Abbas et fut reçu par de nombreuses salves et des acclamations. Les deux frères, après les premières effusions, décidèrent d'attaquer les positions espagnoles dans le plus prochain délai, faisant le serment de mourir tous dans les tranchées ou de vaincre. » (Alarcon.)

(3) Les forces espagnoles, à cette même date, se montaient à 28.000 hommes et 2.600 chevaux.

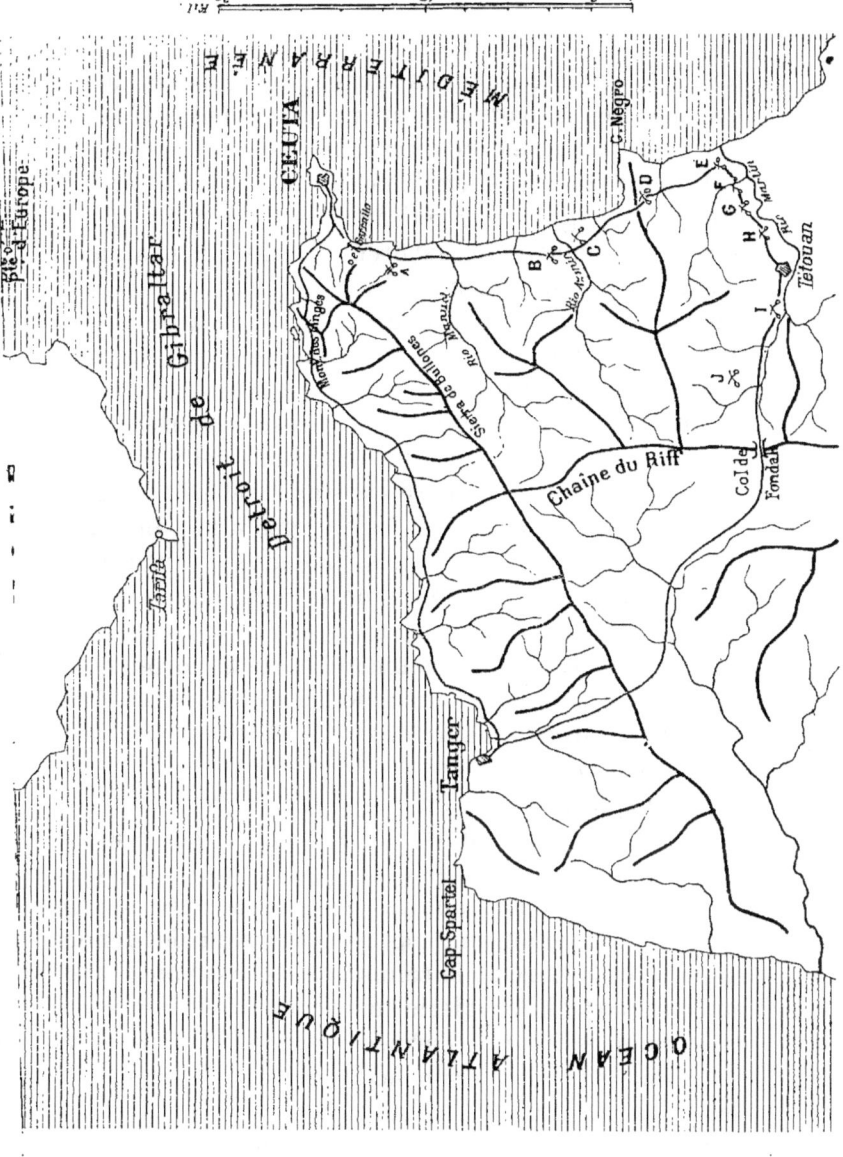

Croquis n° 3.

INDE :
- A Bataille de *Castillejos* 1er janvier.
- B Combat du 10 janvier.
- C — 12 —
- D Combat du 14 janvier.
- E — 15 —
- F — 23 —
- G — 31 —
- H Bataille de *Tétouan*, 4 février.
- I Combat du 13 mars.
- J Bat. de *Vad-Ras*, 25 mars.

La lutte, ce jour-là encore, fut acharnée, mais se termina, comme dans les combats précédents, à l'avantage des Espagnols, qui poursuivirent les Marocains jusqu'au pied de leur camp.

Comme toujours également, au moment où les troupes espagnoles se retiraient, les Marocains firent un retour offensif et essayèrent d'écraser leur arrière-garde; mais le général O'Donnel, prévoyant cette nouvelle attaque, avait pourvu l'arrière-garde d'artillerie et de cavalerie qui contribuèrent puissamment à tenir les Marocains en respect.

Au dire des critiques militaires espagnols, une grande partie du succès fut due, dans cette journée, à l'artillerie qui « prépara constamment par ses feux l'action de la cavalerie et les charges à la baïonnette de l'infanterie »; certaines batteries s'avancèrent même jusqu'à 1.000 mètres de la ligne ennemie.

Ces mêmes critiques ajoutent :

« Le général Prim, commandant le 2e corps, combattit de sa personne comme le dernier de ses soldats. Il fit de sa propre main deux prisonniers et prit deux chevaux à l'ennemi. »

Ainsi que nous l'avons déjà fait remarquer, nous n'aurions peut-être plus aujourd'hui la même admiration pour les prises du commandant du 2e corps.

Dans cette même affaire, deux escadrons de cuirassiers, qui n'avaient pas eu l'occasion de donner depuis l'ouverture de la campagne, après avoir chargé un fort parti de cavalerie marocaine, qui se présentait devant le front de l'armée espagnole, se laissèrent entraîner sur un terrain accidenté et très coupé où les cavaliers marocains mirent pied à terre et les accueillirent par une violente fusillade.

Les cuirassiers durent battre en retraite.

Situation des deux partis dans les quelques jours qui ont précédé la bataille de Tétouan.

(1er au 4 février.)

Les quelques jours qui suivirent, du 1er au 4 février, furent employés à terminer les retranchements du camp.

Le 3, le général O'Donnel fit annoncer au corps expéditionnaire que l'on se porterait le lendemain à l'attaque des camps marocains.

Ces camps étaient situés à 3 kilomètres environ au nord-est de Tétouan, dont ils barraient l'accès; l'un, placé sous le commandement de Muley-Ahmet, était en plaine : il comprenait 4.000 fantassins et 900 cavaliers ; l'autre, commandé par Muley-El-Abbas, sur une hauteur qui domine les environs : il était occupé par 12.000 fantassins et 3.000 cavaliers. (Voir croquis n° 6.)

Les Marocains, pendant ces dernières journées, avaient suivi l'exemple des Espagnols et entouré leurs bivouacs de longues lignes de tranchées.

Au dire des espions, ils avaient même disposé, le long des parapets, un assez grand nombre de pièces de gros calibre (1). Enfin, toujours d'après la même source d'information, de nombreux renforts leur arrivaient chaque jour, qui compensaient largement les pertes subies dans les affaires précédentes.

Du côté des Espagnols, le complément du parc de

---

(1) D'après le contre-amiral Jehenne, qui commandait l'escadre française, mouillée à ce moment à Algésiras, les Marocains disposaient de sept pièces de 12 et de 18, en bronze ; leurs forces se montaient à 35.000 hommes. (Lettre du 10 février 1860 au ministre de la marine. Cette lettre, insérée aux annexes, donne un récit très intéressant de la bataille de Tétouan, ainsi que des événements qui l'ont précédée et suivie.)

siège était arrivé et de nombreux approvisionnements en vivres avaient été réunis dans le camp du rio Martin; le général O'Donnel avait donc résolu de marcher cette fois directement sur l'objectif qui lui avait été assigné : Tétouan.

Une remarque s'impose au sujet de cet objectif purement *géographique;* au début de la campagne, on conçoit fort bien que le corps expéditionnaire espagnol ait été dirigé sur Tétouan.

Il fallait bien prendre une direction; or Tétouan représentait une des villes les plus florissantes du Maroc; il y avait donc de grandes chances pour que les Marocains essayassent de la défendre et y portassent leurs forces. La marche sur Tétouan, le long de la mer, présentait encore l'énorme avantage, pour les forces espagnoles, de n'avoir pas besoin de traîner à leur suite des convois de vivres, le ravitaillement pouvant se faire généralement par la mer ainsi que les évacuations d'ailleurs.

Mais ce que l'on s'explique moins bien, ce sont les atermoiements continuels du général O'Donnel pour attendre son matériel de siège, alors que son service de renseignements lui rendait compte, chaque jour, que l'ennemi recevait des renforts. Nous reviendrons d'ailleurs, un peu plus loin, sur cette question.

Quoi qu'il en soit, les historiens espagnols de cette guerre établissent nettement que le général O'Donnel se porta en avant « pour faire le siège de Tétouan », objectif principal, et qu'il ne marcha sur les camps ennemis que parce qu'ils barraient la route de la cité marocaine et ne constituaient ainsi, à ses yeux, qu'un objectif secondaire.

Ce n'est certes pas ainsi qu'en France, du moins actuellement, nous envisagerions la question.

Mais revenons à la bataille du 4 février; nous y

insisterons tout particulièrement parce qu'elle mit en présence de part et d'autre de gros effectifs, fut conduite par le général O'Donnel d'une façon particulièrement méthodique et présenta absolument les mêmes phases qu'une bataille européenne.

Elle a d'ailleurs de grandes analogies avec la bataille d'Isly, au point de vue des formations, de la rapidité de l'action, de la manière de combattre des Marocains; elle en diffère, toutefois, en ce qui concerne la tactique employée.

Bataille de Tétouan.

(4 février 1860.)

Fidèle à son objectif, le général O'Donnel décida de marcher droit sur Tétouan (1), c'est-à-dire sur le camp de Muley-Ahmet, qui en barrait la route.

Nous croyons, cependant, que d'autres considérations poussèrent encore le général O'Donnel à choisir cette direction d'attaque.

Toutes les fois que des troupes européennes exercées se sont trouvées en face d'adversaires n'ayant reçu qu'une instruction militaire rudimentaire, elles ont presque toujours employé la tactique bien simple qui consiste à les menacer sur un des flancs pour en arriver, enfin, à les tourner. Quelle que soit la valeur individuelle des combattants, s'ils ne sont pas rompus à la discipline, au sentiment du coude-à-coude, il y a de fortes chances pour qu'ils évacuent la position.

---

(1) Tétouan a été fondée en 1492 par les réfugiés de Grenade. Les Abencérages, les Zegries et les Gomères y ont conservé leurs noms et perpétué leurs races. (Lavigne.)

C'est la tactique que nous avons toujours employée contre les Chinois dans nos guerres du Tonkin, et qui, plus récemment encore, a réussi aux Anglais au Transvaal, dans les quelques affaires où ils ont été victorieux.

Or, en attaquant les Marocains sur leur gauche, par le camp de Muley-El-Abbas, le général O'Donnel était obligé de laisser ses troupes dans un terrain mouvementé, raviné, où elles ne pouvaient manœuvrer; les Marocains, par contre, y avaient toute facilité pour utiliser leur tactique ordinaire et reprenaient ainsi tous leurs avantages.

Par la droite, au contraire, c'était la plaine où l'infanterie, puis la cavalerie espagnoles auraient beau jeu des charges désordonnées des cavaliers marocains, et où l'artillerie, ayant partout des vues, pourrait préparer et soutenir constamment les mouvements offensifs des deux autres armes.

Tels durent être, sans doute, les différents motifs qui poussèrent le général O'Donnel à prendre comme direction d'attaque principale le camp de Muley-Ahmet.

×

Dispositif d'attaque. — Voici en quelques mots quel fut le dispositif d'attaque (croquis n° 6) :

a) A la droite, le 2° corps (général de Reuss), deux brigades, placées en échelons par bataillon, et disposées de façon à former une sorte de coin; les deux autres brigades en colonnes serrées par bataillon, ayant au milieu d'elles deux batteries montées et deux batteries de montagne.

b) A la gauche du 2° corps, le 3°, même dispositif; toutefois, comme artillerie, il disposait de trois escadrons d'artillerie à cheval (trois batteries) placés également au milieu des brigades.

Au centre du dispositif général, entre les deux corps d'armée, marchait le régiment d'artillerie de réserve (trois batteries) précédé d'un détachement du génie.

En arrière, la cavalerie sur deux lignes.

Enfin, le corps de réserve (général Rios) avec deux batteries, dont une montée et une de montagne, ayant pour mission de couvrir sur la droite les mouvements des corps d'attaque et, dans ce but, de prendre comme point d'appui la redoute de l'Etoile.

×

1ʳᵉ phase de la bataille (marche d'approche). — A 8 heures et demie, le général O'Donnel donnait le signal de l'attaque.

Les troupes espagnoles se mirent aussitôt en mouvement, traversèrent le rio Alcantara sur quatre ponts que le génie avait jetés pendant la nuit et se formèrent suivant le dispositif indiqué précédemment.

Elles étaient encore au moins à 2.500 mètres des positions ennemies lorsque l'artillerie marocaine ouvrit le feu. Les projectiles, vu la distance, n'atteignirent même pas les premières lignes espagnoles. La marche continua ; mais à 1.700 mètres des positions ennemies, le général, craignant que les projectiles de l'artillerie marocaine ne causent des pertes sensibles dans les formations des deux corps d'armée, toutes en profondeur, donna l'ordre à l'artillerie de réserve de se porter en avant et d'ouvrir le feu sur les pièces ennemies.

Cette artillerie fut précédée de guérillas (tirailleurs) qui devaient constituer son soutien, dans le cas où les Marocains chercheraient à se jeter sur les pièces, ainsi qu'ils l'avaient déjà fait au début de la campagne.

Mais les projectiles de l'artillerie espagnole ne produisirent eux non plus aucun effet, et l'artillerie de réserve reçut l'ordre de se porter en avant, par échelon.

L'artillerie à cheval déboîtait à son tour et se portait à la gauche de l'artillerie de réserve avec mission de battre la droite ennemie.

L'artillerie marocaine ne tarda pas à diminuer la violence de son tir qui, bientôt, parut presque complètement éteint.

Les batteries espagnoles en profitèrent pour faire un nouveau bond en avant, suivies des deux corps d'armée.

Les deux batteries montées du 2ᵉ corps recevaient l'ordre, à leur tour, de s'avancer sur la droite : l'une ayant pour mission d'ouvrir le feu sur l'extrême gauche du camp de Muley-Abbas, qui était situé sur les pentes et des hauteurs de Geleli ; l'autre, de tirer sur des fantassins et des cavaliers marocains que l'on voyait descendre des camps placés sur les hauteurs mêmes.

Enfin, la brigade de lanciers était envoyée sur la droite pour observer un parti nombreux de cavaliers marocains, qui semblait vouloir menacer l'arrière-garde espagnole.

×

2ᵉ *phase* (combat de préparation). — Les deux corps avançaient toujours, et cela sans avoir quitté leur dispositif primitif.

Ils arrivèrent ainsi à 600 mètres des positions ma-

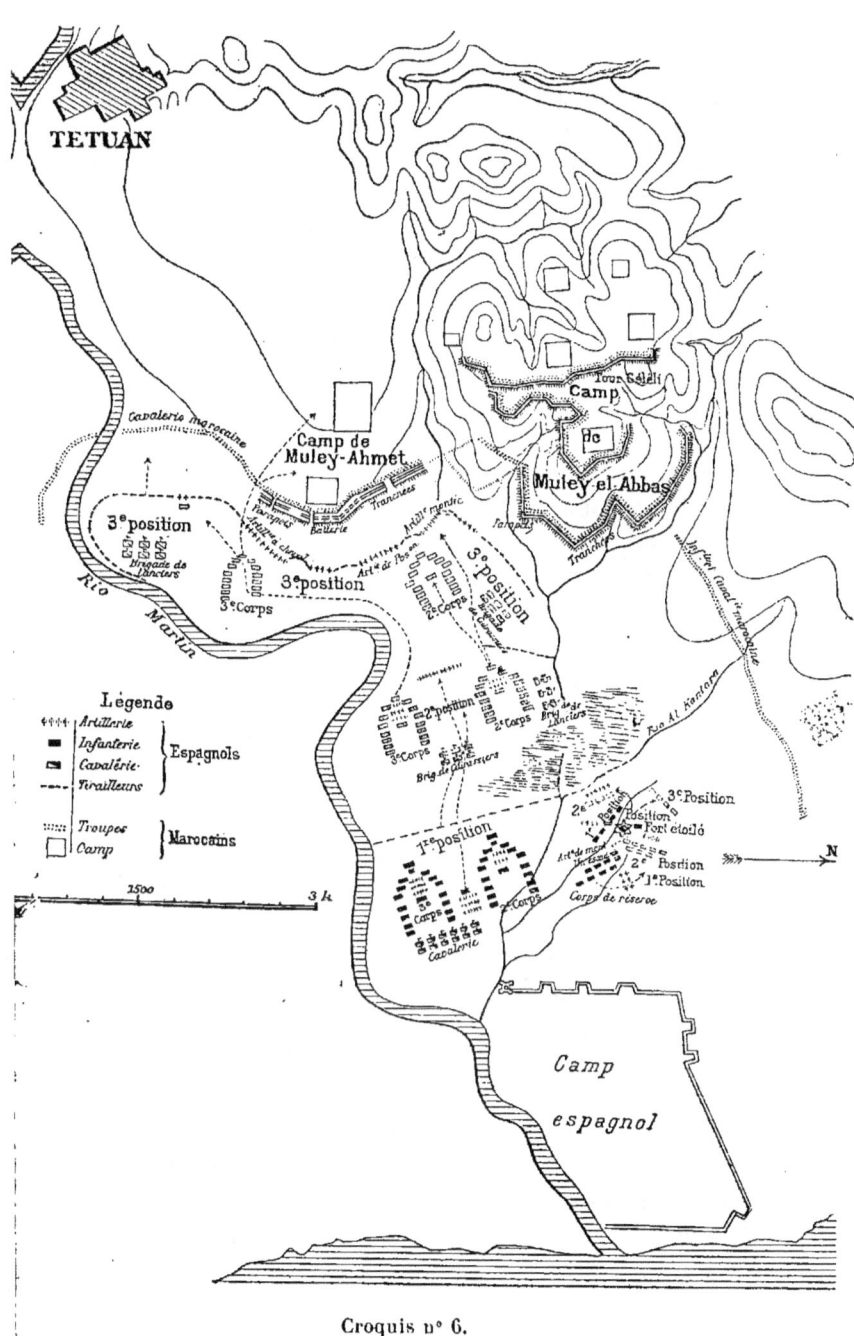

Croquis n° 6.

rocaines sans qu'un seul coup de fusil ait été tiré ; les deux artilleries seules avaient été engagées.

Mais, à ce moment, apparurent sur la gauche des troupes espagnoles de nombreux fantassins et cavaliers qui semblaient vouloir exécuter une contre-attaque.

Deux bataillons, envoyés aussitôt pour soutenir les guérillas, parvinrent à repousser les Marocains et permirent aux Espagnols de continuer leur mouvement.

Ces deux bataillons constituèrent, dès lors, sur la gauche, avec la brigade de lanciers qui avait été dirigée en toute hâte dans cette direction, une véritable flanc-garde.

Pendant ce temps, et conformément au plan du général O'Donnel, le 3e corps et l'artillerie à cheval se dirigeaient sur l'aile droite des Marocains et ne tardaient pas à la prendre complètement de flanc.

×

3e *phase* (attaque décisive). — Les troupes espagnoles se trouvaient alors à 400 mètres au plus des tranchées ennemies ; malgré le feu violent dirigé par l'artillerie sur les quelques pièces des Marocains, celles-ci, bien défilées derrière les parapets, n'avaient pu être démontées.

Il est vrai que leur tir n'avait pas causé jusque-là de grosses pertes dans les rangs espagnols.

Le général O'Donnel résolut de faire donner l'assaut.

Toutefois, avant de lancer ses troupes à l'attaque décisive, le général en chef donna l'ordre aux quarante pièces qui étaient en batterie de préparer cette attaque, en redoublant leur feu sur le camp de Muley-Ahmet.

Enfin, jugeant bientôt cette préparation suffisante, il donna le signal de l'assaut.

Dès que les Marocains virent les Espagnols s'avancer au pas de course et la baïonnette croisée, ils se dressèrent au-dessus de leurs parapets, derrière lesquels jusque-là ils s'étaient défilés, et ouvrirent un feu violent de mousqueterie.

Un marais profond et fangeux, qui s'étendait le long des retranchements marocains, gêna beaucoup la marche des Espagnols, mais ils atteignirent quand même les tranchées, et les franchirent d'un seul élan.

Les Marocains tenaient toujours et engagèrent avec leurs assaillants une lutte corps à corps; mais bientôt ils aperçurent les troupes du 3ᵉ corps qui débouchaient sur leurs derrières.

Ce fut alors une véritable déroute; ils s'enfuirent de tous côtés, laissant entre les mains des Espagnols: artillerie, munitions, tentes et bagages. L'assaut avait à peine duré quarante minutes.

Cependant tout n'était pas fini; les forces marocaines qui occupaient les hauteurs de Geleli (camp de Muley-El-Abbas) tenaient toujours et continuaient le feu.

La 2ᵉ division du 2ᵉ corps reçut l'ordre d'enlever ces hauteurs. Les Marocains, déjà très impressionnés par la déroute des troupes de Muley-Ahmet, résistèrent assez mollement et s'enfuirent vers l'Ouest.

La bataille était terminée; le corps de réserve avait rempli la mission de flanc-garde qui lui avait été confiée et immobilisé les 3.000 à 4.000 cavaliers ou fantassins qui occupaient les hauteurs de Geleli (1).

---

(1) C'est la seule raison de « l'inaction relative » que certains auteurs ont reproché à Muley-Abbas.

Grâce à lui, les 2ᵉ et 3ᵉ corps avaient pu marcher droit sur leur objectif, le camp de Muley-Ahmet, sans être inquiétés sur leur droite.

Nous avons vu qu'une flanc-garde de combat, constituée pendant la bataille même, couvrait également leur gauche.

Les Espagnols, dans cette bataille, s'emparèrent de deux drapeaux, de huit canons et d'un nombre considérable de munitions et de tentes.

Les pertes furent assez sensibles et se produisirent presque toutes au moment où les troupes se portèrent à l'assaut, dans cette zone qui a été appelée depuis si justement par les Russes « zone de la mort ». Elles s'élevèrent à 67 tués et 780 blessés ou contusionnés.

Au dire des Espagnols, les pertes des Marocains furent immenses, sans qu'ils puissent d'ailleurs préciser (1).

Ce qualificatif « d'immenses » nous laisse assez sceptique : car, pendant toute l'action, les Marocains restèrent abrités derrière leurs retranchements, et, après la bataille, il n'y eut pas de poursuite ou, du moins, les auteurs espagnols n'en font pas mention.

Or, le général O'Donnel disposait de douze escadrons.

Il est très curieux de constater que l'histoire militaire nous montre un nombre considérable d'affaires où le commandement ne songea pas à exploiter son succès. Il semble que la joie d'avoir vaincu fasse oublier l'observation de ce principe de tactique pourtant si connu.

---

(1) Le contre-amiral français Jehenne parle de 1.000 hommes tués ou blessés.

TÉTUAN (le Ci...

es Tombes).

Occupation de Tétouan. — Non seulement, ainsi que nous le disions plus haut, il n'y eut pas de poursuite ; mais ces douze escadrons, qui avaient à peine donné pendant la bataille, n'essayèrent même pas d'aller voir ce qui se passait sinon à Tétouan, du moins aux alentours de la place.

Et, cependant, le terrain du champ de bataille en était à peine éloigné de 3 kilomètres.

Donc l'armée espagnole resta sur ses positions et, le lendemain, le général O'Donnel, après s'être occupé de faire avancer le matériel de siège, engagea des négociations avec la population de Tétouan; enfin, le 6, il se décida à entrer dans la place.

La ville n'opposa aucune résistance.

Les Espagnols y trouvèrent quatre-vingts pièces de tout calibre (1), deux mille projectiles et des approvisionnements de poudre.

III. — Marche sur Tanger

Les Espagnols avaient donc atteint leur objectif : Tétouan était pris et, cependant, il « n'y avait rien de fait », pour employer une expression bien connue, puisque les forces marocaines n'étaient pas détruites et avaient eu la sagesse de ne pas aller s'enfermer dans Tétouan.

---

(1) Une partie de ces pièces, très élégantes de forme, surchargées de fines sculptures, provenait des troupes du roi Sébastien de Portugal, à qui elles avaient été enlevées lors de sa défaite. D'autres avaient été prises par les corsaires aux bâtiments de toutes les nations européennes. Sur l'une d'elles on lisait : « Le comte de Toulouse, grand amiral de France », et leur style dénotait l'époque de Louis XIV. (Joly.)

Voilà qui prouve nettement le peu de valeur des objectifs géographiques qui, sans doute, peuvent servir de directive pour conduire aux forces adverses, mais ne doivent jamais constituer l'objectif principal.

Seule la destruction de l'armée ennemie peut amener une solution; c'est un principe sur lequel on ne saurait trop insister, étant donné qu'il est presque constamment violé.

Or, la bataille de Tétouan n'avait pour ainsi dire rien donné, puisque les Espagnols n'avaient pas su exploiter la victoire; peut-être aussi n'avaient-ils pas pu.

Aussi le général O'Donnel, une fois maître de Tétouan, se trouva-t-il assez embarrassé.

En Espagne, l'opinion publique était persuadée, comme le général O'Donnel, que la prise de Tétouan amènerait la fin de la guerre. Dans une lettre datée du 10 février (1), le contre-amiral français Jehenne fait ressortir l'étonnement que produisit en Espagne la nouvelle que le général O'Donnel allait se décider à marcher sur Tanger. « On considère cette résolution, ajoute-t-il, comme tout à fait nouvelle et ne répondant nullement aux intentions primitives du général. »

Le bruit courut même qu'il allait laisser la 5ᵉ division à Tétouan et marcher sur Tanger avec les 2ᵉ, 3ᵉ et 4ᵉ corps.

L'amiral espagnol Bustillos recevait l'ordre, de son côté, de réunir à Algésiras les bâtiments de combat et de se tenir prêt à partir, au premier signal, sur Tanger.

Enfin, le 10 février, des officiers espagnols venaient à Oran demander l'autorisation d'acheter des chameaux chez les Mahias.

---

(1) Voir cette lettre aux annexes.

Quelques jours après, l'idée de la marche sur Tanger était cependant abandonnée.

Dès le lendemain de la bataille, le général O'Donnel avait appris que Muley-Abbas et ses troupes s'étaient retirés dans les montagnes situées entre Tétouan et Tanger : au col de Fondak, à 1 kilomètre à peine des camps espagnols; il ne fit, cependant, aucune tentative pour en finir une bonne fois avec ses adversaires.

Il semble, cependant, qu'il eût pu tout au moins essayer, et cela d'autant plus facilement que, dans le cas où Muley-Abbas n'accepterait pas la bataille, le général O'Donnel n'avait rien qui l'obligeât à le poursuivre immédiatement dans les montagnes; il pouvait très bien continuer à s'appuyer sur Tétouan, en attendant que l'armée fût complètement outillée pour une nouvelle campagne : jusqu'au 23 mars, l'armée espagnole ne bougea pas des murs de Tétouan.

Muley-Abbas profitait, d'ailleurs, de l'inaction de ses ennemis pour faire prêcher la guerre sainte dans tout l'empire et appeler à lui ses contingents; afin de gagner du temps, il entamait même des négociations qu'il était bien décidé à ne pas faire aboutir (1).

Combat de Samsa.

(11 mars 1860.)

Cette inaction de l'armée espagnole lui parut même si étrange que, le 11 mars, il vint l'attaquer avec des forces nombreuses ; ce jour-là encore O'Donnel dut déployer ses trois corps d'armée pour repousser les

---

(1) Dans une entrevue que le général O'Donnel eut le 23 février avec Muley-Abbas, il réclamait pour l'Espagne des garanties pour l'avenir, une cession de territoire autour de Ceuta et, enfin, Tétouan. Les négociations n'aboutirent pas.

forces marocaines. Des deux côtés, il y eut environ 200 hommes hors de combat.

Certains historiens, pour expliquer le long séjour de l'armée espagnole sous les murs de Tétouan, ont prétendu que le général O'Donnel était convaincu, après la bataille du 4 février et l'occupation de Tétouan, que les Marocains demanderaient la paix, et qu'il fallut l'affaire du 11 et les escarmouches continuelles autour de la place pour lui faire envisager la situation dans toute sa réalité.

Affaire de Melilla.

(9 février 1860.)

D'autre part, le 9 février, les Espagnols avaient subi devant Melilla un échec assez sérieux : complètement surpris, ils avaient dû se retirer précipitamment dans l'enceinte même de la place, après avoir perdu près de 200 hommes (1). La nouvelle de cette victoire sur les chrétiens, répandue dans tout le Maroc avec l'exagération habituelle de l'Orient, était peu faite pour engager l'Empereur à demander la paix.

Bombardement de Larache, Arcilla et Rabat.

(25-26 février 1860.)

La marine espagnole, de son côté, avait bombardé Larache, Arcilla et Rabat (25 et 26 février) ; mais ces

---

(1) Le 6 février, la garnison de Melilla avait été inquiétée par les Rifains. Le gouverneur, le général *Buceta*, malgré les ordres formels de son gouvernement, prit l'offensive et établit son camp dans les environs de Melilla. Dans la nuit du 8 au 9 février, il fut complètement surpris et poursuivi jusqu'au pied de la forteresse.

bombardements de villes relativement peu importantes ne semblèrent pas faire grande impression sur le Sultan.

Quant à l'armée marocaine, elle était toujours établie au col de Fondak, où elle avait élevé de nombreux retranchements, bien décidée à barrer la route de Tanger aux envahisseurs.

C'est alors que le général O'Donnel se décida à marcher sur Tanger. Nous reviendrons un peu plus loin sur le choix de ce nouvel objectif.

Préparation de la nouvelle campagne.

C'était, en effet, une nouvelle campagne qui allait commencer, toute différente de celle que l'on venait de faire.

Sans doute, dans la première partie de la guerre, l'armée espagnole avait dû combattre dans une région boisée, accidentée, particulièrement favorable aux Marocains ; mais, dans toute cette période, elle s'était tenue sur la défensive et, par conséquent, avait pu compenser ces inconvénients par la connaissance du terrain.

Dans la seconde partie de la guerre, elle avait combattu sur la côte, sinon en plaine, du moins sur un terrain relativement peu accidenté, et pu profiter de tous les avantages que lui offraient son organisation, son armement, sa supériorité en artillerie, enfin sa capacité manœuvrière.

Il lui fallait maintenant se lancer dans un pays montagneux, où les Marocains allaient, au contraire, pouvoir se livrer à la guerre de surprise et d'escarmouches : c'est-à-dire la guerre par excellence qu'ils avaient l'habitude de pratiquer.

Autre question, et non moins importante : pendant

la marche de Ceuta à Tétouan, l'armée espagnole avait été ravitaillée par la flotte, qui avait également assuré les évacuations. Il allait falloir, maintenant, emporter des vivres, des munitions, organiser le service des évacuations, problème délicat dans un pays de montagne tel que le Rif, habité par des Kabyles, surtout lorsque l'armée se trouverait à plusieurs jours de marche de Tétouan.

Le général O'Donnel prit les décisions suivantes :

1° Les hommes emporteraient sur eux :

a) Six jours de vivres;

b) La tente-abri;

c) Sept paquets de cartouches;

d) Le manteau et l'équipement ordinaire.

2° La plus grande partie de l'artillerie serait laissée à Tétouan; la colonne emmènerait uniquement l'artillerie de montagne (quarante pièces).

3° Tétouan constituerait la base d'opérations et serait occupée par vingt bataillons, chargés d'assurer ses communications à la fois avec les colonnes et avec la mer.

4° Les corps d'armée y laisseraient tout le personnel du génie qui ne leur serait pas absolument nécessaire.

5° Le convoi, comprenant les bagages, ambulances, munitions et vivres, serait réduit au strict minimum.

Bataille de Vad-Ras.

(23 mars 1860) (1).

La colonne se mit en marche le 23 mars, vers 8 heures du matin. Elle prit le dispositif suivant :

Avant-garde :
1er corps d'armée.
- 8 bataillons d'infanterie,
- 4 compagnies du génie,
- 1 escadron (Albuera).

Gros
- a) Le quartier général ;
- b) 2e corps d'armée : 17 bataillons d'infanterie, 4 batteries de montagne, 1 batterie de fuséens ;
- c) La division de cavalerie : 3 escadrons de cuirassiers, 3 escadrons de lanciers, avec mission d'escorter les trains régimentaires du quartier général, des 1er et 2e corps.
- d) Le 3e corps : 15 bataillons d'infanterie, 1 batterie de montagne, 1 escadron (Albuera), avec les convois administratifs.

Arrière-garde : La 1re division du corps de réserve : 4 bataillons d'infanterie, 1 batterie de montagne, 1 escadron de cuirassiers.

La 2e division du corps de réserve, sous le commandement du général Rios, était chargée de couvrir le flanc droit de l'armée. Elle se composait de 8 bataillons d'infanterie, 2 escadrons de lanciers (Villaviciosa), 1 batterie.

La colonne dans son ensemble comprenait environ 20.000 hommes. Les moyens de transport étaient assurés par 6.000 bêtes de somme, dont 5.200 mulets et 800 chameaux (ceux-ci achetés dans la province d'Oran). Le convoi portait neuf jours de vivres.

Nous reviendrons un peu plus loin sur ce dispositif

---

(1) La plus grande partie de cette relation a été empruntée au récit d'un témoin oculaire, le major bavarois Schlagintweit.

BATAILLE DE VAD-RAS
(Croquis n° 7.)

Echelle = 1.100.000

et en ferons ressortir les avantages et les inconvénients.

La colonne était à peine ébranlée que les nombreux impedimenta, qui l'encombraient, rendirent sa marche assez pénible, et cela d'autant plus qu'un brouillard léger, mais tenace, vint encore augmenter les difficultés.

Le 1er corps se trouva presque immédiatement engagé avec les avant-postes marocains ; mais ils ne prêtèrent pas une grosse résistance. D'ailleurs le général O'Donnel, convaincu que l'ennemi s'apprêtait à livrer bataille dans le défilé de Fondak, et qu'il y ferait une défense acharnée, ne pensait pas être très inquiété dans le cours même de sa marche. Il donna donc l'ordre de continuer à pousser de l'avant, sans trop s'occuper des escarmouches qui pourraient avoir lieu en avant et sur les flancs de la colonne.

Cependant l'avant-garde espagnole, qui devait laisser le temps à la flanc-garde (division du général Rios) d'occuper les hauteurs, n'avançait qu'assez lentement. D'autre part, sa marche était sensiblement retardée par les travaux que les troupes du génie étaient obligées d'exécuter, pour permettre à l'artillerie montée de franchir les nombreux torrents que l'on rencontrait.

Combat à l'aile droite. Prise de Saddina.

En arrivant sur les hauteurs qui bordent la rive droite de l'oued Samsa, la division Rios se heurta à une forte résistance : les Marocains, voyant apparaître les premiers éléments de la division, accouraient de tous les côtés ; un violent combat s'engagea. Espagnols et Marocains en furent bientôt au corps à corps qui, heureusement, ne dura pas longtemps, grâce à l'arrivée des autres troupes de la division Rios. Les Marocains se retirèrent sur le village de Saddina, où ils résistèrent encore un certain temps, mais finirent par céder devant le nombre. Les Espagnols prirent pied dans le village et y mirent le feu.

Engagements au centre et à l'aile gauche.

Pendant ce temps, dans la vallée, la marche de la colonne principale devenait de plus en plus difficile. Les Marocains, voyant que les Espagnols n'avaient pas envoyé de flanc-garde sur leur gauche, s'empressèrent de profiter de cette faute et occupèrent en force les hauteurs de la rive droite du Vad-el-Jalu.

La colonne ne pouvait continuer sa marche dans de telles conditions.

Le commandant du 1er corps fut obligé de faire déployer d'abord plusieurs bataillons sur la rive droite de la rivière, puis bientôt la brigade Hédiger tout entière avec le bataillon catalan.

Les 2e et 3e corps, de leur côté, étaient constamment attaqués.

Le commandant de l'avant-garde ne put arriver à vaincre la résistance de l'ennemi qu'en faisant prendre position à l'artillerie qui ouvrit un feu des plus violents.

La colonne arriva enfin en vue du pont qui commande la route qui mène au col de Fondak : ce pont fut facilement enlevé, grâce à l'artillerie et à une attaque finale fort bien menée par la cavalerie.

Il pouvait être alors environ 2 heures : les Marocains cessèrent le feu et disparurent dans toutes les directions.

× ×

A ce moment, la situation des Espagnols était la suivante :

La division Rios, après s'être emparée de Saddina et de Sausie, avait quitté les hauteurs sur lesquelles sont situés ces villages. Ses premiers éléments atteignaient la vallée où ils se reliaient avec le 1er corps.

La 1re division du 2e corps avait pris position sur les pentes qui descendent du village de Sausie.

La 2e division de ce même corps (général Prim), la division de cavalerie et la plus grande partie de l'artillerie de montagne se trouvaient dans la plaine ; mais, sur la rive droite du Jalu, leur gauche ne dépassait pas au sud le rio M'chachera.

La 1re division du 3e corps atteignait le front dont il a été question ci-dessus.

La 2e division du 3e corps et l'arrière-garde (1re division du corps de réserve), chargées de la garde des convois, étaient encore assez loin en arrière.

Combat d'Amsal.

Les Marocains apparurent alors de nouveau en force, sur les hauteurs des Beni-Sider. A peu près à mi-pente de ces hauteurs est situé le village d'Amsal, qui commande l'entrée de la vallée de Vad-el-Ras : le général Prim prescrivit donc à son infanterie d'enlever ce village.

Cette attaque donna lieu à un combat acharné : des deux côtés on se battit comme de véritables bêtes sauvages. Les Marocains, habilement défilés derrière les maisons, les haies et les buissons, attendirent les Espagnols de pied ferme : aussi ceux-ci, après avoir été soumis à un feu des plus violents, furent-ils obligés d'engager un combat corps à corps, où le poignard marocain et la navaja espagnole jouèrent un très grand rôle. L'acharnement et la ténacité dont firent preuve les soldats du Sultan semblaient prouver qu'ils se rendaient compte instinctivement de l'importance de la position.

Du côté des Espagnols, on envoya renforts sur renforts ; le 3ᵉ corps ne tarda pas à être mis à contribution et la brigade de cuirassiers elle-même reçut l'ordre de coopérer à l'attaque du village. Comme c'était à prévoir, les cuirassiers subirent de grandes pertes et n'obtinrent aucun résultat.

Les Marocains, malgré tout, tenaient bon.

Enfin, voulant en finir, le général Prim, se mettant à la tête du bataillon de Navarre, se lança lui-même à l'attaque, suivi du bataillon de Tolède, sous les ordres du général Navazo.

Le village d'Amsal fut alors enlevé.

Il n'en est pas moins regrettable que, dans cette affaire, l'attaque de l'infanterie n'ait pas été préparée par l'artillerie, ce qui aurait certainement évité la plus grande partie des pertes, surtout si l'on tient compte de l'impression morale considérable que produit sur les Marocains le feu de l'artillerie.

Dernière phase de la bataille.

Pendant le combat livré devant Amsal, et en présence de la résistance acharnée de l'ennemi, le général O'Donnel avait donné l'ordre à son chef d'état-major, le général Garcia, de se porter vers la gauche avec la brigade Cervino (la 2ᵉ de la 1ʳᵉ division du 3ᵉ corps) et les deux bataillons de Cordabo, avec mission de menacer le flanc droit des Marocains. Il avait prescrit, d'autre part, à l'aile droite et au centre du corps expéditionnaire de venir prendre position sur la rive droite de l'oued Boswicha.

Après l'enlèvement d'Amsal, les troupes du Sultan battirent en retraite sur toute la ligne ; les Espagnols se portèrent alors en avant et, tout en combattant, atteignirent vers 5 heures du soir le sommet des hauteurs des Beni-Sider, où ils établirent leur camp.

C'était un succès ; mais les hommes, en route depuis 4 heures du matin, avaient marché ou combattu pendant treize heures consécutives, sans avoir pu manger ni boire, et cela par une chaleur assez forte. Enfin, les pertes étaient lourdes : 7 officiers et 130 hommes tués ; 104 officiers et 1.027 hommes blessés (chiffres officiels).

Les pertes des Marocains dans ce combat, et même les effectifs qu'ils mirent en ligne, sont assez difficiles à estimer. Les Espagnols prétendent cependant qu'ils eurent en face d'eux de 40.000 à 45.000 hommes.

Au point de vue tactique, le seul intérêt que présente cette bataille, assez décousue en somme, fut, du côté des Marocains, la tendance bien marquée, pendant toute la journée, à essayer d'atteindre l'arrière-garde des colonnes espagnoles et sans doute de couper leurs communications avec Tétouan.

En ce qui concerne les Espagnols, on peut relever trois fautes assez graves :

1° De n'avoir pas constitué de flanc-garde pour couvrir leur flanc-gauche. On a vu ci-dessus que cette omission avait failli arrêter net la marche de la colonne ;

2° De s'être acharnés à vouloir faire enlever par

l'infanterie des points d'appui solidement défendus par les Marocains. On aurait certainement évité de grosses pertes si l'on avait recouru à l'artillerie pour préparer tout au moins l'attaque des fantassins espagnols ; puis, en tout cas, la soutenir ;

3° Enfin, l'idée de lancer des cuirassiers pour s'emparer d'un village, que l'infanterie n'arrive pas à enlever, ne peut que paraître des plus étranges !

Fin de la guerre.

Les Espagnols appelèrent cette bataille la bataille de Vad-Ras ; la route de Tanger était libre, quelques heures suffisaient à l'armée espagnole pour paraître devant les murs. Aussi cette bataille mit-elle fin à la guerre.

Quelques jours après, la paix était signée entre l'Espagne et le Maroc.

Les Espagnols obtenaient une contribution de guerre de 100 millions et une extension de territoire à Ceuta.

C'était vraiment peu, après de tels efforts, après une pareille campagne.

L'Espagne ne doit pas oublier que c'est en grande partie à l'Angleterre qu'elle est redevable de ces minces résultats.

Aussi la déception fut-elle très grande : on s'attendait à tout autre chose et ce tout autre chose, c'est ce qu'un journal espagnol officiel avait, d'ailleurs, nettement indiqué au début de la guerre : « L'Afrique française nous présente un éloquent exemple, Dieu veuille qu'un jour nos possessions de ce continent soient reliées entre elles par une zone continue de 4, 6 ou 8 lieues de largeur, pour le plus grand avantage du commerce de la Méditerranée et du système défensif et offensif du Nord de l'Afrique. »

CONSIDÉRATIONS STRATÉGIQUES

But poursuivi par l'Espagne.

Avant de porter un jugement sur cette campagne et sur la façon dont elle a été conduite, il y a lieu tout d'abord de se demander pourquoi les Espagnols l'avaient entreprise, et quel était leur but.

Ainsi que nous l'avons déjà dit précédemment, la guerre avait eu pour cause des attaques incessantes des Marocains contre la garnison de Ceuta. L'Espagne, après avoir demandé et obtenu satisfaction, avait exigé pour l'avenir des garanties telles, qu'il devenait impossible au Sultan de les accorder. C'était donc la guerre.

Nous avons vu également que l'Angleterre, craignant pour son influence au Maroc, avait fait tout son possible pour empêcher l'expédition d'avoir lieu ; mais que, se heurtant à la volonté bien arrêtée du gouvernement et du peuple espagnols de « marcher » quand même, elle s'était bornée à exiger l'assurance que l'Espagne n'en profiterait pas pour faire sur la terre africaine des acquisitions territoriales pouvant menacer l'importance militaire de Gibraltar.

Evidemment, le peuple espagnol s'était montré très crâne et, comme toujours, en pareil cas, en avait imposé à l'Angleterre ; mais il n'en restait pas moins vrai que l'heure n'était pas encore venue pour l'Espagne d'entreprendre la conquête du Maroc, et qu'elle devait se borner à venger l'honneur du pavillon.

Considérations sur le choix de l'objectif.

Dès lors, l'objectif de l'armée espagnole était tout indiqué : tâcher de rencontrer le plus tôt possible les contingents marocains, les battre et signer la paix.

Mais l'exécution de ce programme n'est pas si simple qu'elle en a l'air à première vue; il est, en effet, très difficile à une puissance européenne d'imposer la paix à un Etat comme le Maroc. La guerre que la France a soutenue pour la conquête de l'Algérie montre bien qu'avec les Arabes *rien n'est décidé après une bataille, et que l'occupation méthodique du pays donne seule des résultats*. Mais cette occupation demande du temps et des effectifs. Nous allons examiner les différentes solutions qui pouvaient être adoptées par le gouvernement espagnol.

On pouvait, en prenant Rabat comme base d'opérations, marcher sur Méquinez, puis sur Fez et frapper ainsi un grand coup au cœur même du Maroc.

L'entreprise était possible; on ne compte guère plus de huit à dix jours de marche de Rabat à Fez. Evidemment, sur toute cette partie de la côte de l'Atlantique, la mer, toujours très agitée, rend le débarquement assez difficile; mais, par contre, les troupes espagnoles auraient eu, ensuite, le grand avantage de livrer bataille dans un pays plat, très peu mouvementé, éminemment favorable à la tactique européenne. Néanmoins, Fez une fois pris, rien ne prouvait que le Sultan demanderait la paix.

De plus, raison capitale : une pareille expédition exigeait de grosses ressources maritimes, et l'Espagne en était totalement dépourvue.

La marine, dans cette guerre, fit ce qu'elle put, mais avec la lenteur et l'embarras d'une force navale insuffisante et prise au dépourvu.

Le 1ᵉʳ corps débarqua à Ceuta le 19 novembre, et ce n'est que le 12 décembre que le 3ᵉ fut transporté.

Enfin, cette marche sur Fez transformait l'expédition en une véritable conquête qui n'était nullement dans les intentions du cabinet espagnol.

Une autre solution était l'occupation immédiate de Tanger, qui aurait servi de gage et en même temps de base d'opérations si le Sultan ne se décidait pas à demander la paix.

Mais l'Angleterre, obligée de subir cette guerre, avait fait connaître très nettement au cabinet de Madrid qu'en raison de la situation qu'elle occupait à Gibraltar elle ne pourrait tolérer cette occupation et n'hésiterait pas, le cas échéant, à y diriger sa flotte.

Restait Tétouan, qui représentait, alors, une des villes les plus peuplées et les plus riches du Maroc, et dont la prise pouvait donner des résultats analogues.

Tétouan présentait, en outre, l'avantage de ne pas obliger le corps expéditionnaire à s'éloigner de la mer et enlevait ainsi à l'expédition une des plus grosses difficultés : celle du ravitaillement.

Objectif choisi par le général O'Donnel.

Le général O'Donnel (1) se décida donc à prendre

---

(1) Bien que la presse espagnole ait souvent reproché au général O'Donnel de manquer d'initiative et de résolution, il n'en faut pas moins reconnaître que, dans le cours de cette campagne, il a souvent montré, comme homme d'action, les plus éminentes qualités. Malheureusement il n'était nullement préparé à manier d'aussi gros effectifs et, d'autre part, ne possédait pas cette « science prévoyante de l'organisateur », qui doit être la première qualité de tout commandant d'expédition coloniale.

Tétouan comme objectif principal ; mais il semble, ainsi que nous l'avons déjà fait remarquer précédemment, qu'il se laissa un peu hypnotiser par cet objectif géographique qui, en réalité, aurait dû n'être que secondaire.

Certains critiques lui ont reproché de n'avoir pas essayé, dès lors, de débarquer devant Tétouan même, ce qui lui aurait évité toute cette série de combats qu'il dut livrer de Ceuta à Tétouan.

Deux raisons s'opposaient à cette attaque directe de Tétouan :

1° La marine espagnole était incapable de transporter en un seul bloc les 55.000 hommes du corps expéditionnaire et le matériel qui leur était nécessaire;

2° L'état de la mer sur les côtes d'Afrique rend quelquefois impossible toute tentative de débarquement, si bien que les premières troupes, une fois à terre, pouvaient être écrasées avant que le reste du corps expéditionnaire pût leur porter secours.

Point de débarquement.

Il était donc plus sage, ainsi que le décida le général O'Donnel, de prendre Ceuta comme point de débarquement : quoi qu'il arrivât, cette place constituait une base d'opérations solide qui, d'ailleurs, n'était distante de Tétouan que de 40 kilomètres.

×

Le 1ᵉʳ corps est donc tout d'abord débarqué : nous avons vu qu'en raison des faibles ressources maritimes dont disposait l'Espagne, et de la nécessité d'organiser en corps d'armée et divisions les différents éléments du corps expéditionnaire, il n'était pas possible de les transporter en un seul bloc sur la terre d'Afrique. C'est ce qui explique pourquoi, afin d'éviter ces deux mois de marches pénibles et de combats, les Espagnols ne débarquèrent pas directement devant Tétouan. Il semble alors qu'il eût été logique, avant de commencer les opérations, d'attendre l'arrivée des autres corps.

Arrivée successive des différents corps d'armée.

Au lieu de cela, le 1er corps se porte en avant, s'enfonce à 4 et 5 kilomètres dans l'intérieur, occupe un front de 6 kilomètres et, cela, dans un terrain coupé, boisé, montagneux ; bref, particulièrement favorable aux Marocains.

C'était l'exposer à être détruit avant l'arrivée des autres corps; c'est ce que semblèrent comprendre les Marocains, qui l'attaquèrent pendant toute cette période avec un acharnement et une audace extraordinaires.

Enfin, malgré tout le courage déployé par les Espagnols, après chaque combat ils n'en restaient pas moins dans leurs lignes, sans essayer de poursuivre les Marocains.

Aussi ces derniers pouvaient-ils se prévaloir, à juste titre, d'empêcher les Espagnols de déboucher de leur base d'opérations.

De là, au bruit de grandes victoires remportées sur les infidèles, il n'y a qu'un pas.

Et c'est, en effet, ce qui se produisit et attira plus tard les nombreux contingents qui combattirent d'abord sous les murs de Tétouan, puis surtout à Vad-Ras.

Emploi exagéré de la fortification.

Autre faute, et non des moindres, commise par les Espagnols : à peine débarqués, les hommes furent aussitôt employés à creuser un nombre incalculable de redoutes et de retranchements. C'est ainsi, d'ailleurs, que, dans toute la campagne, il n'y eut pas un seul camp installé sans qu'il fût entouré de tranchées. C'est là une précaution qui pouvait tout au plus se justifier dans la première partie de la campagne (défensive); encore fut-elle très exagérée. En tout cas, les Espagnols apprirent à leurs dépens que le vieux dicton colonial : « Tout coup de pioche creuse un tombeau », a été et sera toujours vrai.

Une épidémie de choléra fit de nombreuses victimes que vinrent bientôt augmenter le froid, des pluies diluviennes et une neige abondante qui ne cessa de tomber.

Un mois et demi après le débarquement, le service de santé avait dû déjà installer dans Ceuta dix-sept hôpitaux où, en dehors des blessés, étaient soignés plus de 2.000 cholériques ou fiévreux (1).

×

Très inquiet, le général O'Donnel pressa le départ du 2ᵉ corps et se rendit lui-même à Ceuta (fin novembre).

Mais il dut attendre encore jusqu'au 15 décembre l'arrivée du 3ᵉ corps et eut à livrer une série de

---

(1) Le choléra fit, pendant les quarante jours de campement au Serrallo, plus de mal que les balles pendant toute la campagne. A la fin de décembre, il y avait 2.000 morts causées par le choléra et les blessures, mais *surtout par le choléra*. (Joly.)

combats défensifs présentant les mêmes inconvénients que les précédents.

Temporisation inexplicable du général O'Donnel.

Jusqu'à l'arrivée du 3ᵉ corps, on conçoit que le général O'Donnel soit resté sur la défensive; mais, une fois toutes ses forces réunies, pourquoi a-t-il attendu jusqu'au 1ᵉʳ janvier pour prendre l'offensive ?

D'après les relations espagnoles, il lui aurait encore manqué une partie de son matériel. Cette question eût pu arrêter un corps expéditionnaire s'avançant dans l'intérieur du pays ; mais il ne pouvait en être de même pour les Espagnols, qui allaient longer la côte, suivie également par leur flotte.

Une fois les hostilités engagées, les moments sont précieux, surtout vis-à-vis d'un adversaire dont les effectifs croissent tout particulièrement avec le temps.

Dispersion des forces.

Le général O'Donnel se décide, enfin, à prendre l'offensive ; mais il laisse un corps d'armée tout entier (le 1ᵉʳ) devant Ceuta. Nous n'en voyons nullement la nécessité : qu'il ait renforcé la garnison de cette place, laquelle pouvait avoir à subir les attaques d'un ennemi qui venait de montrer de gros effectifs, fort bien ; mais de là à un corps d'armée il y a loin. Il violait formellement ainsi le principe fondamental de l'économie des forces, en consacrant à une mission très secondaire non pas le minimum, mais le tiers de ses troupes.

Lenteur des marches.

L'armée se met en marche, mais avec quelle lenteur : 16 kilomètres en sept jours.

Les troupes n'ont pas de vivres régimentaires.

Puis, survient une tempête et voilà l'armée sans vivres, obligée de s'arrêter. Cependant, le commandement n'était pas sans ignorer la possibilité d'une telle éventualité, et aurait pu munir le soldat d'un certain nombre de jours de vivres. C'était possible, et cela sans trop le charger, puisque plus tard, dans la marche sur Tanger, nous voyons le général O'Donnel prescrire d'emporter six jours de vivres. Nous irons même plus loin : nous croyons qu'il eût été également prudent de constituer un convoi régimentaire.

Nouvelle inaction du général O'Donnel avant et après la prise de Tétouan.

Arrivé devant Tétouan, nous constatons toujours la même inaction; les troupes construisent des retranchements et le général O'Donnel attend son matériel de siège. Pendant ce temps, les Marocains se fortifient, eux aussi, et reçoivent chaque jour de nouveaux renforts.

Après la bataille de Tétouan, qui fut livrée à 1 kilomètre de la ville, le général O'Donnel s'assure, avant de se porter en avant, qu'il dispose bien de tout le matériel de siège (1), et n'entre dans la ville que deux jours après : le 6.

---

(1) Il ne nous sied pas toutefois d'être trop sévères, à ce point de vue, pour le général O'Donnel, car nous aussi, à Madagascar, avons traîné péniblement à la suite de la colonne expéditionnaire un véritable matériel de siège : les batteries de 120 court, qui furent tout aussi inutiles que les 40 pièces du général O'Donnel. C'est pour ces batteries même que fut construite, en grande par-

Enfin, Tétouan est occupé (6 février) : dès lors, grande perplexité du général O'Donnel, qui se demande ce qu'il va faire, car le Sultan, malgré certaines négociations en vue de la paix, ne semble nullement disposé à accepter les conditions des Espagnols.

Le commandant du corps expéditionnaire sait que les forces marocaines sont à quelques kilomètres de lui : au col de Fondak ; mais, il cherche un nouvel objectif géographique et, après plus d'un mois et demi de réflexion, il se décide à marcher sur Tanger, dont les forces marocaines barrent la route.

Il semble qu'il aurait pu essayer de les attaquer aussitôt après la prise de Tétouan, quitte à continuer à s'appuyer sur cette place, dans le cas où les Marocains se seraient dérobés.

Ce n'est pas ce qu'ils firent, d'ailleurs, puisque, le 23, ils vinrent au-devant de l'armée espagnole et que le combat eut lieu presque en vue de Tétouan.

Pourquoi l'armée espagnole marcha sur Tanger.

Toutefois, étant donné que le général O'Donnel s'en tenait à des objectifs géographiques, on ne peut que le louer, dans la troisième partie de la campagne, d'avoir marché sur Tanger.

Il suffit, pour s'en convaincre, d'examiner la situation de l'armée espagnole après la bataille de Tétouan (4 février).

Ainsi que nous l'avons exposé au commencement de cette étude, les Espagnols, engagés surtout dans cette guerre par des motifs de politique intérieure,

---

tie, la fameuse route qui nous coûta tant de pertes. Ce rapprochement montre que l'étude des expéditions coloniales un peu importantes fournit toujours des enseignements précieux.

n'avaient nullement l'intention de se lancer dans la conquête du Maroc. Toutefois, ils n'en poursuivaient pas moins leur politique séculaire, consistant à donner un peu d'air à leurs présides, qui étouffent dans leur ceinture de pierre. Il y a de grosses chances, d'ailleurs, étant donnée la situation politique actuelle, pour que ce desideratum reçoive en partie satisfaction, et cela dans un avenir peu éloigné.

Ils comptaient donc bien, après le gros effort qu'ils avaient fait, se rendre maîtres de Tétouan assez facilement et y dicter la paix.

Les événements démontrèrent, une fois de plus, le peu de valeur des objectifs géographiques; Tétouan était pris, mais l'armée marocaine existait toujours et la guerre continuait.

Que faire ? S'avancer dans l'intérieur, marcher sur Fez ? Le corps expéditionnaire n'était pas outillé en conséquence. De plus, Fez une fois pris, rien ne prouvait que la guerre serait terminée. Enfin, l'Espagne, encore une fois, n'avait nullement l'intention de s'emparer du Maroc ; c'eût été donc là une expédition inutile.

Restait Tanger, qui était peu éloigné et présentait un gage sérieux au point de vue de la conclusion de la paix.

Mais la raison capitale qui imposait la marche sur Tanger (et les Espagnols le comprirent très habilement) était que les Anglais, qui avaient tout fait pour éviter cette guerre, ne laisseraient jamais l'armée espagnole entrer dans Tanger.

Très écoutés du Sultan, ils imposeraient la paix auparavant.

C'est un peu là-dessus que comptait le général O'Donnel et ce qui explique en partie ses atermoiements à Tétouan.

Il n'en commit pas moins la faute de ne pas marcher immédiatement sur l'armée marocaine, qui venait de se reconstituer et de s'établir à quelques kilomètres à peine des camps espagnols. C'est une faute qu'il aurait pu payer cher.

Pourquoi le corps expéditionnaire espagnol n'a pas débarqué directement devant Tétouan.

On a également reproché au général O'Donnel de ne pas avoir débarqué directement devant Tétouan. Nous en avons déjà donné une première raison qui serait à elle seule suffisante.

De plus, très justement, O'Donnel ne voulait pas livrer un premier combat important avec des troupes qui manquaient de cohésion. Divisions, brigades, régiments avaient été formés avec des éléments venant un peu de toute l'Espagne.

Il était indispensable de leur donner l'esprit de corps, c'est-à-dire cette intimité virile qui naît des dangers affrontés en commun, des fatigues supportées ensemble et qui est le ciment le plus résistant pour agglomérer des éléments venant un peu de partout.

Une fois débarqués à Ceuta, les Espagnols auraient pu marcher directement sur Tanger.

Au point de vue politique ce n'eût pas été des plus habiles : c'était certainement jouer gros jeu avec l'Angleterre qui, en présence d'une telle éventualité, et cela au début même de la campagne, aurait pu en faire un *casus belli*. Son intervention, d'ailleurs, à la fin de la guerre, au moment où le général O'Donnel était enfin engagé sur la route de Tanger, montre bien quelle importance l'Angleterre attachait à cette question.

Dautre part, le pays entre Ceuta et Tanger est des plus difficiles; impossible de passer le long de la côte. Il fallait donc traîner derrière soi, et cela dans une région montagneuse, de très gros convois; c'était compliquer singulièrement la campagne. La marche sur Tétouan permettait, au contraire, de faire transporter, par la flotte : vivres et impedimenta.

Puis n'était-on pas convaincu, et cela dans tous les milieux, que, Tétouan une fois pris, c'était la paix certaine ?

Dès lors, pourquoi compliquer inutilement les opérations ?

CONSIDÉRATIONS TACTIQUES

TACTIQUE DE L'ARMÉE ESPAGNOLE

Dans cette guerre les Espagnols s'inspirèrent beaucoup plus de la tactique européenne que des procédés employés dans nos guerres d'**Algérie**.

Un des traits les plus caractéristiques de cette campagne est l'emploi par les Espagnols d'une tactique qui, surtout dans le combat, se rapproche beaucoup plus de la tactique européenne que des procédés que nous venions d'inaugurer dans nos guerres d'Algérie.

Cependant, les officiers espagnols avaient suivi très attentivement ces guerres, s'en étaient absolument pénétrés; plusieurs même avaient accompagné nos colonnes, s'attendant bien, un jour ou l'autre, à reprendre la guerre nationale contre les Maures.

Mais il faut tenir compte des effectifs engagés de part et d'autre et qui obligèrent les Espagnols à mener méthodiquement le combat, à manœuvrer, à opposer l'ordre au désordre.

Nous avons vu le même fait se reproduire à la bataille d'Isly, ce qui semblerait prouver que, quelle que soit la latitude, dès que des effectifs un peu forts sont en présence, *les lois générales de la tactique reprennent le dessus sur les procédés particuliers au pays*.

Sans reprendre toutes les affaires de la campagne, nous nous reporterons simplement à la bataille de Tétouan, que nous prendrons comme exemple. Si nous l'analysons au point de vue tactique, au début les corps d'armée prennent des dispositifs inspirés évidemment par celui du maréchal Bugeaud, et qui, en raison de leur profondeur, n'auraient pu être employés sur un champ de bataille européen; mais les phases du combat se déroulent ensuite d'une façon absolument méthodique.

C'est d'abord le génie qui prépare le passage des troupes ; puis l'artillerie qui ouvre le feu contre l'artillerie adverse et se porte en avant, par échelon, pour préparer la marche de l'infanterie.

Au moment de l'assaut, une partie de cette artillerie continue à surveiller les pièces ennemies, pendant que les autres batteries, et ce sont les plus nombreuses, accablent de leurs projectiles les Marocains qui occupent les tranchées.

La cavalerie, elle aussi, a joué son rôle, a couvert les flancs menacés et cherché l'occasion d'aider l'infanterie.

Par contre, elle reste complètement inactive au moment de la poursuite.

Soyons indulgents : en 1870, sur les champs de bataille européens, les cavaleries allemande et française, dans des cas analogues, n'ont pas été plus brillantes.

Nous avons eu également l'occasion de signaler plusieurs fois, dans le récit de cette campagne, cette union intime des trois armes qui a été caractéristique dans la bataille de Tétouan et qui est tout à l'honneur du général O'Donnel et des officiers du corps expéditionnaire.

Tactique générale.

Au point de vue de la tactique générale, sur le champ de bataille les généraux espagnols se préoccupent avant tout (comme le maréchal Bugeaud l'avait fait d'ailleurs) :

1° Dans l'offensive :

a) D'empêcher les Marocains de les envelopper. La tactique séculaire de ces derniers (si tactique il y a) consiste, en effet, à prendre comme dispositif un croissant dont la concavité est tournée vers l'adversaire, de laisser engager ce dernier, puis d'essayer de l'envelopper, de l'étouffer entre les deux extrémités du croissant.

C'est, d'ailleurs, le dispositif qu'ils employèrent à la bataille de Tétouan, l'artillerie au centre constituant le pivot de résistance contre lequel devaient venir s'user les efforts des Espagnols;

b) D'essayer de tourner les Marocains par une de leurs ailes, procédé classique, surtout contre un ennemi qui ne possède qu'une organisation et une discipline des plus rudimentaires.

2° Dans la défensive :

De se ménager des réserves, pour être toujours en état de repousser une attaque, quel que soit le point où elle a lieu. Dans la première partie de cette campagne, les Marocains, fidèles à leurs procédés habituels, consistant à chercher à obtenir la surprise, ont, en effet, constamment attaqué sur plusieurs points à la fois.

En terrain plat, les généraux espagnols se contentaient de disposer leurs troupes en losange, les fractions d'infanterie en échelons débordants, prêtes à fournir des feux dans toutes les directions, l'artillerie au centre, la cavalerie en arrière (mais non dans le losange).

En terrain coupé, boisé, accidenté, de nombreuses flanc-gardes couvraient les troupes d'attaque, l'artillerie également au centre de l'infanterie, la cavalerie en arrière.

Tactique de combat.

Infanterie. — L'infanterie, dans tous les combats de la campagne, a fait un fréquent usage des charges à la baïonnette, qui ont été toujours couronnées de succès. Il est certain qu'en face d'adversaires qui ne s'en servent pas, la baïonnette a eu toujours un effet moral considérable.

Il y a lieu, toutefois, de remarquer qu'en 1859 Espagnols et Marocains étaient armés de fusils ayant une portée assez faible, ce qui explique pourquoi ces derniers ont pu si souvent arriver jusque dans les rangs mêmes de leurs adversaires, et les ont obligés, si souvent aussi, à recourir à la baïonnette.

Aujourd'hui, l'armement à tir rapide permettrait d'arrêter beaucoup plus facilement les attaques désordonnées des Marocains ; d'autre part, ceux-ci, avec l'armement qu'ils possèdent actuellement (*Remington*), rendraient des charges à la baïonnette particulièrement meurtrières.

Il n'en reste pas moins établi que, dans certaines circonstances, la baïonnette pourrait avoir vis-à-vis d'adversaires comme les Marocains un rôle considérable, surtout en pays accidenté où, grâce aux plis du terrain, aux ravins, ils chercheraient à produire une surprise et réussiraient souvent à jeter le désordre dans une colonne si, dès le début, ils n'étaient pas arrêtés par une vigoureuse charge à la baïonnette.

Au commencement de la campagne, les fantassins espagnols (comme tous les jeunes soldats dans les premières affaires auxquels ils assistent) faisaient une telle consommation de cartouches que bien souvent, à court de munitions, il fallut recourir à la baïonnette pour se faire un passage. Leurs officiers arrivèrent à les corriger de cette déplorable habitude, mais avec beaucoup de peine.

Cavalerie. — La cavalerie ne joua pas dans les différents combats un rôle proportionné à son effectif (douze escadrons à cent sabres chacun) : cela tient, en premier lieu, à ce qu'elle était trop nombreuse et ensuite à ce que ces combats eurent lieu sur des terrains qui se prêtaient peu à l'action de la cavalerie. Il faut bien dire aussi que, dans les quelques engagements du début des opérations, entraînée par son ardeur, elle poussa la poursuite jusqu'au milieu de l'infanterie marocaine, qui la décima. Et même la première fois que les cavaliers espagnols eurent l'honneur de se mesurer avec les Marocains (le 1ᵉʳ janvier) « ils furent entourés, obligés de descendre de leurs chevaux pour s'en faire un rempart et s'y défendre à coups de poing », dit un auteur espagnol. Ils furent, enfin, dégagés par l'infanterie.

Dans les deux premières parties des opérations, la cavalerie espagnole n'eut, d'ailleurs, que des engagements malheureux. C'est là, sans doute, ce qui la rendit si prudente pendant le reste de la campagne, notamment à la bataille de Tétouan, le 4 février, où elle n'intervint pour ainsi dire pas, et n'essaya même pas de poursuivre les fuyards.

Il faut également ajouter que, pendant les deux

premières parties de la campagne (défensive espagnole et marche sur Tétouan), les Marocains n'engagèrent de leur côté que très peu de cavalerie. Ce n'est que devant Tétouan que se montra vraiment, et en gros escadrons, la cavalerie marocaine; encore fut-elle très intimidée par les formations de l'infanterie espagnole et ne fit-elle que des démonstrations, sans pousser de charges à fond.

En résumé, pendant toute cette campagne, la cavalerie espagnole n'a pas joué un rôle très brillant. Mais il est juste d'ajouter que le commandement en est presque complètement responsable, parce qu'il ne sut pas l'employer. C'est ainsi qu'à la bataille de Vad-Ras la brigade de cuirassiers reçut l'ordre d'enlever le village d'Amsal : elle fut, bien entendu, repoussée et cela après avoir subi de grosses pertes. Enfin, dans les quelques autres affaires où elle eut à intervenir, elle fut lancée à la charge sans être soutenue par l'infanterie, faute capitale dans la guerre en Afrique (1).

Quoi qu'il en soit, la cavalerie espagnole put se convaincre qu'elle avait eu en face d'elle des adversaires de premier ordre, au point de vue valeur individuelle, *et qu'elle n'avait triomphé que lorsqu'elle avait combattu en ordre serré*, c'est-à-dire dans l'ordre qui lui permettait de profiter de son organisation, de sa discipline et de sa tactique.

C'est là, d'ailleurs, un principe fondamental confirmé par toutes les guerres d'Algérie et sur lequel on ne saurait trop appeler l'attention.

---

(1) Le maréchal Bugeaud ne cessait de répéter à ses officiers « qu'il ne fallait jamais en Afrique lancer la cavalerie à la charge sans la faire soutenir immédiatement par de l'infanterie ».
Ce principe a été malheureusement bien souvent perdu de vue, et tout récemment encore à Casablanca.

Artillerie. — L'artillerie de siège ne rendit aucun service et pour cause. Le général O'Donnel dut, certes, le regretter, car il disposait d'un matériel des plus complets : quarante pièces de gros calibre !

Etant donnés les renseignements que l'état-major espagnol possédait sur l'artillerie marocaine, on est en droit de se demander quelles raisons avaient pu déterminer le général O'Donnel à emmener un matériel aussi encombrant. C'est, d'ailleurs, pour attendre ce matériel que, dans la deuxième partie de la guerre, le corps expéditionnaire perdit un temps précieux, au lieu de marcher immédiatement sur les forces marocaines qui recevaient chaque jour de nombreux renforts.

Mais le général O'Donnel, pendant toute cette campagne, a été constamment hypnotisé par l'objectif qu'il s'était donné : Tétouan, qui constituait pour lui le grand centre de la résistance des Marocains.

Après la bataille du 4 février, ces derniers, naturellement, ne le défendirent même pas et, le 8 février, la plus grande partie de la 5ᵉ division fut employée à rembarquer l'artillerie de siège, dont il n'avait pu être fait aucun usage.

L'artillerie de campagne, par contre, rendit les plus grands services (1) : elle permit constamment aux Espagnols d'agir contre les Marocains avec trois armes contre deux (car on ne saurait tenir compte de l'artillerie marocaine de cette époque). Elle leur évita, de plus, de grosses pertes, en arrêtant très souvent, hors de portée de la mousqueterie, de gros-

---

(1) Dès que le général O'Donnel se fut rendu compte de la manière de combattre des Marocains, il donna l'ordre à l'artillerie de montagne de marcher constamment avec l'infanterie, afin d'être toujours prête à l'appuyer.

ses bandes de fantassins marocains qui marchaient à l'assaut des positions espagnoles.

Le 31 janvier, au dire des écrivains espagnols, c'est à elle que revint l'honneur de la journée « en préparant constamment par ses feux les attaques de l'infanterie et de la cavalerie ».

Le jour de la bataille de Tétouan (4 février), elle joua encore un rôle des plus importants : elle réduisit au silence l'artillerie adverse, canonna les camps marocains, prépara l'assaut de l'infanterie et, avec ses obus, arrêta cavaliers et fantassins ennemis, toutes les fois qu'ils montrèrent quelque velléité de se porter en avant.

On peut dire qu'il n'y eut pas un combat, dans toute cette campagne de quatre mois, où l'artillerie ne jouât un rôle capital et ne rendît les plus grands services. D'ailleurs, toutes les fois que, sur les champs de bataille, la situation devenait critique, c'est à l'artillerie que l'on avait recours.

Ce serait donc une grande faute, quand on se trouve en face d'adversaires qui n'en possèdent pas, de ne pas profiter des gros avantages que procure cette arme, *en l'employant dans la plus large mesure possible*. C'est ce qu'ont fait les Espagnols, et nous avons pu constater qu'ils s'en étaient bien trouvés.

Génie. — Le corps expéditionnaire comprenait quinze compagnies du génie; nous avons déjà fait remarquer combien un pareil effectif nous paraissait exagéré.

Il faut, évidemment, tenir compte de l'époque (nous sommes en 1859, quatre ans après le siège de Sébastopol), et de la conviction, chez le général O'Donnel, d'avoir à procéder au siège de Tétouan.

Une fois entré à Tétouan, et sans coup férir, il

se rendit compte que, dans la marche sur Tanger, les quinze compagnies, vu l'effectif de la colonne, seraient plutôt embarrassantes, et il en laissa la plus grande partie dans la cité marocaine.

Mais, ceci une fois admis, il faut reconnaître que, dans le cours de cette campagne, le génie a rendu de très grands services au corps expéditionnaire, et cela non seulement dans la construction des redoutes, des retranchements, des ponts, mais surtout dans la création de passages et voies d'accès pour les colonnes d'artillerie et d'infanterie. On voit, en effet, constamment les compagnies du génie marcher avec les avant-gardes et se consacrer tout entières à leur faciliter la marche.

C'est un fait d'autant plus caractéristique que c'est là le rôle principal que seront appelées à remplir les troupes du génie dans une guerre future; il est intéressant de constater que le génie espagnol, dès 1859, en eut conscience et réussit à le remplir avec succès.

En résumé, au point de vue du combat proprement dit, l'étude de la guerre de 1859-1860 (comme celle de 1844 d'ailleurs) montre qu'avec les Marocains il y a tout intérêt, pour une troupe européenne, à imposer la bataille en plaine ou tout au moins en pays découvert. Sur un tel genre de terrain les Marocains se sont toujours montrés très gênés et n'ont jamais offert une très grande résistance ou, tout au moins, ils ont toujours fait une résistance beaucoup moindre qu'en pays montagneux ou couvert.

Tactique de marche.

Rien de bien intéressant à signaler au point de vue des marches.

Les Espagnols, dans la première partie de la campagne, n'exécutèrent à proprement parler que des déploiements en vue du combat; on ne saurait considérer comme marche le mouvement du 1er corps sur le Serrallo.

Dans la deuxième partie (marche sur Tétouan), l'armée espagnole ne fit que des marches insignifiantes; de plus, par suite du voisinage de la mer, la flotte transportant les approvisionnements, ambulances, impedimenta de toutes sortes, le commandement n'eut pas à se préoccuper des convois qui, en Afrique, constituent la « plus grosse difficulté ».

Dès lors, il n'y avait aucune raison pour adopter un dispositif de marche particulier et les mouvements se firent à peu près comme dans la guerre européenne en augmentant, toutefois, la force des flanc-gardes du côté dangereux, c'est-à-dire du côté opposé à la mer, sur la droite espagnole.

C'est ainsi que le général O'Donnel, qui disposait de deux corps d'armée (2e et 3e) et d'une division de réserve, plaça généralement à l'avant-garde : une brigade accompagnée de deux escadrons et de deux batteries et, sur son flanc droit, une autre brigade, quelquefois même toute une division avec deux et trois batteries.

Et bien souvent il fut obligé de leur envoyer de gros renforts pour repousser les attaques furieuses des Marocains.

Quand le corps expéditionnaire espagnol quitta Tétouan, il dut se faire suivre de tout ce qui lui était nécessaire en vivres, munitions et matériel pour traverser la zone montagneuse qui sépare les deux villes marocaines. Le général O'Donnel adopta le dispositif suivant (il disposait alors de trois corps d'armée et de deux divisions de réserve) :

- Le 1ᵉʳ corps en entier en avant-garde (constituant en quelque sorte un échelon de manœuvre) avec deux batteries de montagne, un escadron et toutes les troupes du génie qu'emmenait le corps expéditionnaire.

Il était suivi du 2ᵉ corps qui, avec la cavalerie, escortait les trains régimentaires du quartier général et des 1ᵉʳ et 2ᵉ corps.

Enfin, venait le 3ᵉ corps, qui était chargé de la garde des convois administratifs.

L'arrière-garde était constituée par la 1ʳᵉ division de réserve et avait avec elle une batterie et un escadron.

Le dispositif de sûreté était complété par une division de réserve (à laquelle étaient adjoints deux escadrons de lanciers et une batterie de montagne) chargée d'occuper les hauteurs de la vallée de Vad-Ras qui commandent sur la droite la route qu'allait suivre la colonne. Par contre, le général O'Donnel ne prit aucune disposition pour couvrir sa gauche. Sans doute, croyait-il n'avoir rien à craindre de ce côté : les événements lui donnèrent tort, puisque le 3ᵉ corps, dans la bataille de Vad-Ras, fut attaqué sur sa gauche et eut beaucoup de mal à repousser ses adversaires. Il lui fallut, à un moment, dégarnir le convoi, qui faillit être pris par les Marocains.

Si l'on fait abstraction de cette flanc-garde de gauche, cet ordre de marche paraît assez logique (1) et répond très sensiblement à celui que nous adoptons

---

(1) On pourrait encore cependant adresser à ce dispositif, au point de vue théorique, un autre reproche : c'est l'escorte très exagérée donnée aux impedimenta (la moitié de l'effectif total).

en Algérie dans nos colonnes opérant en Kabylie (pays de montagne) : en tête, un échelon de manœuvre ne comprenant que des combattants ; puis les trains et convois, répartis dans le gros de la colonne, en queue une forte arrière-garde (1) ; des flancs-gardes dans les directions dangereuses.

Quant à la répartition des différentes armes : l'infanterie et l'artillerie réparties dans toute la colonne à peu près également; la cavalerie (en dehors des quelques escadrons donnés à l'arrière-garde, à l'avant-garde et aux flancs-gardes), réunie au centre, de façon à pouvoir être utilisée dans une direction quelconque si l'occasion se présentait, et en même temps se trouver à l'abri du feu de l'infanterie ennemie.

Le génie, bien entendu, en tête de la colonne avec l'avant-garde, pour ouvrir des passages aux autres armes.

Tactique de stationnement.

Nous avons déjà vu que, pendant toute cette campagne, les Espagnols ont fait grand usage de la fortification passagère et que, toutes les fois qu'ils ont établi un camp, ils l'ont entouré immédiatement de tranchées.

Nous sommes convaincu que ces remuements de terre continuels, joints aux intempéries, furent les véritables causes des nombreuses épidémies dont le corps expéditionnaire eut à souffrir.

---

(1) On trouve là encore, appliqué par les Espagnols, un des principes les plus chers au maréchal Bugeaud. Il rappelait en effet fréquemment qu'en Afrique, et surtout en pays montagneux, il fallait constituer très fortement l'arrière-garde, les Arabes ayant l'habitude de laisser passer la colonne, puis de s'acharner contre ses derniers éléments.

Il faut tenir compte évidemment de l'époque (1859), de l'impression subie à la suite de la guerre de Crimée, qui fut l'apothéose de la fortification et, d'autre part, de l'armement, qui ne rendait pas aussi facile que maintenant la défense de front d'une position. Néanmoins, il semble que les Espagnols ont un peu forcé la note à ce point de vue; nos troupes guerroyaient depuis trente ans en Afrique, à peu près contre les mêmes adversaires et, cependant, toutes les fois qu'elles bivouaquaient, ne croyaient pas indispensable d'entourer leur camp de tranchées et de parapets.

Les Espagnols, pendant cette campagne, établirent, bien entendu, leurs camps soit en carré, soit en rectangle et adoptèrent un dispositif de sûreté à peu près analogue au nôtre, mais beaucoup plus rapproché; c'est ainsi que leurs grand'gardes étaient placées à 125 mètres des tentes, les petits postes à 100 mètres environ, détachant eux-mêmes des sentinelles à peu près à la même distance.

Un pareil camp ne pouvait être bien gardé; l'ennemi devait être sur lui avant que les troupes aient eu le temps de se saisir de leurs armes (1).

C'est, d'ailleurs, ce qui arriva au début de la campagne : les Espagnols furent plusieurs fois surpris.

Dans les instructions données aux troupes avant le commencement de la campagne, il était recommandé aux postes avancés (petits postes) et sentinelles d'écoute (sentinelles doubles) de se mettre à l'abri des feux de l'ennemi au moyen de parapets en terre, de branches d'arbre ou de tout autre couvert.

Il semble qu'il y ait là un contresens, les petits

---

(1) Actuellement, en Algérie, en raison de la portée des armes qui a beaucoup augmenté, on a une tendance à placer les grand'-gardes à 700 et 800 mètres du camp.

postes et les sentinelles doubles constituant une ligne d'observation et non une ligne de résistance : ce dernier rôle est celui des grand'gardes.

Dans ces mêmes instructions, il était prescrit aux hommes de garder, pendant la nuit, leur arme entre les mains. C'est là, à notre avis, une excellente mesure et qui aurait tout avantage à être rendue réglementaire dans notre armée d'Afrique.

Or, jusqu'ici, on sait que, pendant la nuit, on a l'habitude de serrer les faisceaux, c'est-à-dire de les rapprocher les uns des autres, puis de passer une chaîne tout autour. Cette tradition a pour but de rendre impossible tout vol d'arme; il est arrivé plusieurs fois, en effet, que des Arabes s'étaient glissés jusque dans les tentes, et avaient pu y prendre un ou plusieurs fusils.

Par contre, en cas d'alerte, les hommes mettent un temps considérable à rompre les faisceaux, et l'assaillant peut être dans le camp avant qu'ils aient pu prendre leurs armes.

Au Tonkin, d'ailleurs, et dans la plupart des colonies où nous avons eu à combattre, nos hommes, la nuit, au bivouac, ont toujours gardé leurs fusils auprès d'eux, l'un des bras, pour plus de sûreté, passé dans la bretelle.

Ce sont là des détails, mais qui, en cas d'alerte, prennent une très grande importance.

LA GUERRE HISPANO-MAROCAINE (1859-1860)

D'APRÈS LES HISTORIENS MAROCAINS

Suivant la méthode historique que nous avons adoptée, et qui consiste à opposer le récit du vaincu à celui du vainqueur, nous donnons ci-dessous un extrait du livre marocain intitulé : *Kitab el Istikça li-ikhbar doul-el Maghrib el akça* (livre renfermant l'histoire complète des dynasties qui ont régné sur le Maghreb extrême), de Cheïk Ahmed ben Khaled Ennaceri Esselaoui.

Cet extrait relate précisément la guerre hispano-marocaine de 1859-1860.

La traduction a été faite par M. Hamet, l'éminent et si sympathique interprète principal de la section d'Afrique (ministère de la guerre).

LA GUERRE CONTRE L'ESPAGNE

Causes de la rupture de la paix.

Les Espagnols de Ceuta, et les Andjera ou indigènes qui les avoisinent, avaient l'habitude d'entretenir des postes de sûreté sur les limites qui les séparaient : les premiers y avaient construit de petites maisonnettes en planches ; les Andjera, des huttes en roseaux.

Vers la fin du règne de Mouley-Abd Er Rhaman, les Espagnols édifièrent un poste en solide maçonnerie, l'ornèrent des emblèmes de la dynastie qui règne dans leur pays, et qu'ils appellent « les emblèmes de la Couronne ». Les Andjera réclamèrent la démolition de cet édifice et son remplacement par une baraque en planches, comme c'était l'usage. Devant le refus des Espagnols, les Andjera démolirent le poste, souillèrent d'ordures les emblèmes qui y figuraient, après avoir massacré les hommes qui s'y trouvaient. Ils organisèrent ensuite des courses contre les Espagnols qu'ils venaient menacer jusque sous les murs de Ceuta.

Les chrétiens s'en plaignirent au représentant de leur pays à Tanger ; celui-ci s'en ouvrit au représentant du Sultan, qui était alors Abou Abdallah-Mohammed ben El Hadj Abdallah El Khatib, originaire de Tétouan. Il se plaignit des dégâts commis par les Andjera et demanda que douze d'entre eux, dont il donna les noms, fussent amenés à Tanger et exécutés.

El Khatib, considérant l'incident comme grave, en référa à l'ambassadeur d'Angleterre. Celui-ci lui conseilla de mander à Tanger les douze notables Andjera, affirmant se porter garant de leur sûreté, quand bien même les griefs des Espagnols seraient vérifiés. El Khatib s'en rapporta à cet avis ; mais les Andjera, l'ayant su, dépêchèrent une délégation de leurs notables au chérif d'Ouazzan sid El Hadj abdesselam lun El Arbi. Ils lui exposèrent que El Khatib, abandonnant les intérêts du Sultan et des musulmans, acceptait les revendications espagnoles et les encourageait. Ils le prièrent d'en référer au Sultan, afin qu'il autorisât les tribus voisines à faire cause commune avec eux, et qu'ainsi soutenus ils se chargeraient de liquider l'incident.

Sur ces entrefaites, le sultan Mouley-Abd Er Rahman mourut, et son fils, Sidi-Mohammed, se fit reconnaître comme son successeur dans la ville de Méquinez.

Mis au courant de l'affaire des Andjera par une lettre du chérif d'Ouazzan, le nouveau Sultan soumit la question à quelques personnes de son entourage. Elles opinèrent pour la guerre, et ce fut aussi l'avis du Sultan ; car il lui en coûtait de livrer à l'ennemi douze musulmans qui seraient mis à mort, sous les yeux des représentants étrangers. Il résolut donc de ne donner une satisfaction aux Espagnols qu'après une enquête minutieuse sur l'affaire. Dans ce but, il dépêcha son ministre El Hadj Mohammed ben El Hadj Tahar Ezzaubdi de Rabat auprès d'El Khatib à Tanger, avec la mission de s'informer minutieusement de la vérité et la recommandation de ne pousser vers la conciliation que s'il ne pouvait s'en dispenser.

Pendant ce temps les conseillers du Sultan redoublaient d'avis dans lesquels ils dédaignaient l'ennemi, alors qu'il est toujours impolitique et peu sage de mépriser un ennemi, si faible qu'il soit.

La guerre est déclarée.

Ezzaubdi trouva à Tanger El Khatib toujours disposé à donner satisfaction aux Espagnols ; il manifesta une opinion contraire et excipa de la lettre du Sultan, lui donnant pleins pouvoirs pour traiter cette affaire. El Khatib se retira et Ezzaubdi termina ses pourparlers avec le représentant espagnol par un ultimatum. Celui-ci amena son pavillon et quitta Tanger pour regagner son pays, pendant qu'Ezzaubdi rendait compte des événements au Sultan.

Le prince fit aviser toutes les places fortes maritimes de la déclaration de la guerre, leur enjoignant de se mettre en état de défense et de se préparer à combattre. Il ouvrit les caisses du trésor et fit distribuer à l'armée de l'argent, des armes et des vêtements ; puis il dépêcha à Tétouan le kaïd El-Mamoun Ezzerari à la tête de 100 cavaliers et 500 fantassins. Ces troupes s'installèrent hors la ville, du côté de Ceuta ; en même temps, les Espagnols sortaient de Ceuta, au nombre de 20.000 fantassins, pleins d'ardeur et admirablement organisés. Les chrétiens vinrent camper sur les confins de leur territoire, sans en franchir les limites. Ceci eut lieu le samedi, dans les jours médiaux de Rabia el Asuel 1276 (du 8 au 15 octobre 1859).

Combats autour de Ceuta.

A cette sortie de l'ennemi répondit aussitôt une levée de boucliers des Andjera et des tribus montagnardes qui les avoisinent ; la nouvelle s'étant rapidement répandue, des hommes accourus de tous les points du pays se réunirent au nombre de 5.000 combattants qui, pendant quinze jours, ne cessèrent de harceler l'ennemi, lui tuant deux fois plus de monde qu'ils n'en perdaient. Cette disproportion provint de ce que les chrétiens marchent au combat en lignes, tandis que les musulmans chargent l'ennemi selon la méthode dite « El Kerr ou el Ferr » (stratagème qui consiste à attaquer au galop et par petits groupes, à simuler la fuite et à revenir à la charge). Mais là se bornaient les succès des musulmans, qui ne pouvaient atteindre le camp ennemi, ni lui faire des prisonniers, ce camp étant admirablement protégé par des fossés, des retranchements et des sacs de sable.

Le Sultan envoya, comme renfort, son frère Muley-El-Abbas, à la tête d'environ 500 cavaliers. Après avoir passé quelques jours à Aïn-Eddalia, près de Tanger, le prince vint s'installer dans le pays des Andjera, au milieu des villages appelés El-Bouyout.

Les hostilités reprirent, durant un peu plus d'une dizaine de jours, au cours desquelles il y eut quelques pertes de part et d'autre.

L'armée espagnole prend l'offensive.

Les musulmans, redoutant des Espagnols une attaque par surprise, jugèrent prudent de lever le camp d'El-Bouyout, pour se porter en un lieu appelé Bou-Keddane. Ce déplacement anima l'ardeur des chrétiens, qui l'attribuèrent à un sentiment de crainte. Les hostilités reprirent et elles duraient depuis quinze jours lorsque les Espagnols, ayant réuni leurs forces en infanterie et en cavalerie, attaquèrent les musulmans avec impétuosité et en bon ordre. Ayant été repoussés avec pertes, ils s'embarquèrent secrètement, la nuit, et se rendirent par mer au lieu dit « El-Fenidik » — le petit caravansérail — (ainsi nommé parce qu'il y en avait eû un, autrefois, sur ce point). Dans ce déplacement ils évitèrent de s'éloigner de la côte, pour conserver la protection de leurs navires qui étaient à l'ancre. Leur nouveau camp était éloigné de celui des musulmans d'une heure et demie de marche environ.

Les conseillers de Muley-El-Abbas pensèrent que la position de l'armée ennemie était défavorable à l'armée musulmane, et qu'il fallait que celle-ci s'éloignât. Le prince, partageant cette manière de voir, se porta avec ses troupes à l'endroit appelé Medjaz el heça. L'ennemi redoubla d'assurance et son ardeur belliqueuse s'enflamma, par la conviction où il était de l'insuffisance des musulmans dans l'art de la guerre et leur manque d'assurance au moment de l'action.

L'armée espagnole était commandée par Ordonnil (O'Donnel) avec le général Prim sous ses ordres, et l'Espagne obéissait à la reine Isabelle II.

Les attaques des musulmans contre les Espagnols reprirent leur cours : ils allaient le matin les attaquer à El-Feindik et ne rentraient à leur camp que le soir. Dans ces rencontres journalières, le succès était tantôt d'un côté, tantôt de l'autre.

Les habitants de Tétouan, cependant, n'étaient pas sans inquiétudes sur le sort de leurs familles et de leurs propriétés ; ils se décidèrent à envoyer une députation à Méquinez pour rendre compte au Sultan de leurs alarmes, que l'attitude des Espagnols ne faisait qu'aviver. Le Sultan leur promit aide et protection, dans la mesure que commanderaient les circonstances.

L'armée espagnole marche sur Tétouan.

Après avoir séjourné dix jours à El-Feindik, les Espagnols levèrent le camp sans qu'on sût de quel côté ils se dirigeaient ; les habitants du pays ne tardèrent pas à apprendre que leur objectif était la ville de Tétouan et qu'ils établissaient leur camp en un lieu appelé Nikron. Ils y restèrent huit jours, pendant lesquels se produisirent quelques escarmouches. Mais la situation de l'ennemi était de beaucoup la meilleure ; en effet, en même temps qu'il tirait des ressources du continent, il se faisait abondamment ravitailler par mer, au moyen de ses navires qui lui apportaient, de Ceuta et autres lieux, des approvisionnements tels en fourrages et en vivres (riz, orge, biscuit, etc.) qu'il en abandonnait, dans chacun de ses camps, de grandes quantités que recueillaient les malheureux du pays. C'était d'ailleurs une manœuvre destinée à donner une haute idée de sa richesse.

Des volontaires musulmans des campagnes s'introduisaient, la nuit, dans le camp espagnol et en ramenaient des bœufs et des mulets, qu'ils conduisaient le matin à Tétouan et autres lieux. Les ignorants de la population approuvaient ces actes, et s'excitaient mutuellement à les répéter, considérant qu'ils accomplissaient ainsi des prouesses. Or, qu'était-ce que cela, en regard des progrès de l'ennemi, qui occupait le pays et se rapprochait de son but, qui était d'égorger les musulmans ? Et ceux-ci ne cessaient pas de reculer !

En résumé, les musulmans ne combattaient pas d'une manière ferme et selon un plan arrêté, mais bien sans ordre et avec des forces divisées ; car, le soir venu, chacun s'en retournait chez soi. Tous leurs efforts, dans ces conditions, étaient sans profit pour l'intérêt général. Les Espagnols, au contraire, opéraient avec ordre, avec méthode ; ils tiraient avantage du territoire qu'ils occupaient graduellement et ils considéraient leur marche progressive, comparée à la retraite des musulmans, comme un succès croissant.

Hu-Khaldoun, dans un chapitre consacré aux différentes méthodes de combat, critique celle des Maghribins dite « El Kerr ou el Ferr » (voir plus haut la définition), opposée à celle des *non-musulmans*, qui consiste à marcher au combat en rangs, et à faire bloc. Il est dit dans le Koran : « Dieu préfère ceux qui combattent, dans sa voie, en rangs serrés, pareils à une maçonnerie fortement cimentée. »

Les Espagnols atteignent l'oued Esmir.

L'ennemi, continuant à progresser, parvint ainsi à l'oued Esmir. Il changeait de camp le samedi de préférence, obéissant ainsi — d'après ce que l'on a prétendu — à une prédiction astrologique.

Quand ils eurent occupé la vallée de l'oued Esmir, il s'éleva une violente tempête de vent d'est, qui souleva la mer et, obligeant ses navires à s'éloigner, les priva de leur assistance. D'énormes vagues grossirent démesurément l'oued Nikron sur les derrières de l'armée espagnole, lui coupant son appui sur Ceuta, pendant que l'oued Esmir débordant l'empêchait d'avancer, de telle sorte qu'elle était immobilisée entre les deux cours d'eau et que son flanc gauche était appuyé à la mer.

Le manque de ravitaillement se fit sentir à un tel point que, d'après ce que racontaient plus tard les soldats espagnols, la galette (petit pain semblable au biscuit) se vendait le matin une piécette et atteignait le soir un réal ; encore ne pouvait-on s'en procurer que difficilement. Les Espagnols auraient tous péri s'il s'était trouvé quelqu'un apte à tirer parti de ces circonstances ; mais où étaient les hommes de valeur ?...

Les Espagnols demeurèrent dans cette situation critique pendant deux ou trois jours puis, la tempête s'étant calmée, les rivières baissèrent et ils purent recevoir des approvisionnements.

Quant aux musulmans, continuant à battre en retraite, ils vinrent s'installer dans les villages d'El-Kelaline, distants de Tétouan d'une demi-heure de marche environ. L'ennemi, qui avait passé la rivière avant le jour, parvint au matin à l'endroit appelé le Medyek (1).

Etat d'âme des musulmans.

A cette époque, les volontaires qui composaient une partie de l'armée musulmane étaient divisés en deux clans : celui des gens sages et celui des égoïstes. Les premiers disaient bien : « Si l'ennemi n'était pas réfugié dans les montagnes, s'il n'était pas protégé par de solides défenses, nous saurions bien agir contre lui » ; à quoi les autres répondaient : « Qu'irions-nous faire dans cette galère ?... Que les gens de Tétouan défendent leur ville de Tétouan ; quant à nous, le jour où l'ennemi viendra menacer nos demeures à Abda, à Doukkala, nous nous mettrons en mesure de les défendre », ou tout autre propos de ce genre, comme si chacun n'était pas tenu de contribuer au triomphe des musulmans !

Les seuls qui firent leur devoir luttèrent avec énergie, se dévouèrent avec sincérité et avec courage, furent une légion de jeunes gens de Fez et de Zerhoun, et quelques hommes des Aït-Immour. Parmi eux se distingua, par-dessus tout, El-Haoussin, connu sous le nom d'Abou-Riala. Par son initiative, son courage et ses hauts faits, il renouvela les prouesses du temps des « ashab » (2). Des témoins oculaires ont rapporté qu'il se distinguait par un drapeau de couleur jaune qu'il pressait contre sa poitrine en marchant à l'ennemi, dont il brisait les rangs par son choc impétueux. Il s'en revenait ensuite, conduisant par les rênes des chevaux qu'il avait capturés

---

(1) Ce point est appelé par les auteurs *Medyek Sebta* et traduit : *péninsule étroite.* (*Note du traducteur.*)
(2) Compagnons du prophète.

et qu'il remettait aux siens. Quand il se disposait à charger l'ennemi, il disait à ses compagnons : « Suivez-moi, je suis votre bouclier, je suis votre rempart ! » Il répéta plusieurs fois ces prouesses.

Combats aux environs de Tétouan.

Dès qu'il fut parvenu à El-Medyek, l'ennemi n'eut plus de relations avec la mer, et il se mit en marche sur Tétouan. Or, il y avait, au bout de ce couloir d'El-Medyek, vers la ville, à l'endroit appelé Foum-El-Alik, un groupe de tentes habitées par des gens de Fez et autres lieux. Ils furent dispersés par le canon des Espagnols, sans avoir le temps d'emporter leurs effets. L'émotion fut grande dans la ville de Tétouan ; mais les habitants n'en rivalisèrent pas moins de zèle et de courage dans la défense qu'ils firent, par un temps de pluie torrentielle. Dans ce combat, qui fut très meurtrier, Abou-Riala se distingua comme à l'habitude ; il eut deux chevaux tués sous lui, et Muley-El-Abbas, lui témoignant un intérêt particulier, lui fit conduire son propre cheval et envoya ses tambours battre au-devant de ses tentes. Abou-Riala reçut, dans cette journée, une blessure légère.

Les pertes furent graves de part et d'autre ; seule la population de Tétouan perdit 500 hommes. A midi la journée était aux Espagnols.

Le lendemain matin, ils quittèrent Foum-El-Alik, se dirigèrent vers le port et s'y installèrent pour reprendre leurs communications par la mer. Ils s'emparèrent du fort dit « Bordj Mertil » et de ses dépendances, telles que la maison de Mertil, où était installé le service des douanes. Aussitôt occupés, ces points furent l'objet de travaux de défense, tels que fossés, batteries de canon, etc. ; ils y édifièrent des maisons en planches, des magasins et autres constructions. Ils demeurèrent sur ces positions sans être aucunement inquiétés et s'y reposèrent pendant treize jours, tandis que des vivres, des munitions et des soldats leur parvenaient par la voie de mer.

Sur ces entrefaites, était arrivé de Méquinez, envoyé par le Sultan, Mouley Ahmed ben Abd Er Rahmane, avec des troupes. Il avait établi son camp à Foum-El-Djozaïra, tandis que Muley-El-Abbas était campé au milieu des villages d'El-Kelaline, en un point élevé d'où il découvrait le pays environnant.

L'ennemi, s'étant largement reposé et reconstitué, reprit les hostilités ; il faisait des sorties et venait inquiéter les deux camps autour desquels il escarmouchait ; puis il s'en retournait. A la tête de toutes ces opérations, on voyait Prim monté sur un cheval gris clair ; il jouissait chez les Espagnols d'une haute réputation de courage personnel et d'intelligence de la guerre.

Bataille de Tétouan.

Enfin les Espagnols, ayant décidé l'attaque de Tétouan, quittèrent leur camp le samedi 11 redjeb 1276 (4 février 1860) et se présentèrent en bon ordre. Pendant qu'une aile, composée de cavalerie, remontait la rivière vers Tétouan, l'autre aile, composée d'infanterie, traversait la forêt avec le même objectif. En même temps, le gros des troupes s'avançait lentement, par échelons, et les pièces d'artillerie, traînées par des mulets, lançaient des boulets. Les deux ailes, cavalerie et infanterie, s'étant assez rapprochées du camp de Mouley Ahmed pour menacer de l'envelopper, le désordre se mit dans ce camp et les troupes s'enfuirent, laissant les tentes et ce qui s'y trouvait aux mains des Espagnols ; ceux-ci mirent le camp musulman en état de défense et s'y installèrent.

Les Marocains évacuent Tétouan.

De son côté, Muley-El-Abbas battit en retraite et alla se réfugier sous les murs de Tétouan en laissant la ville entre son camp et celui des Espagnols. Dans cette retraite, il avait traversé la cité avec un voile sur la tête, pour cacher les larmes de douleur que lui arrachait cet échec des armes musulmanes. A peine était-il arrivé à son nouveau campement que les habitants de Tétouan venaient lui porter leurs doléances et lui demander l'autorisation de transporter leurs familles et leurs objets précieux dans les villages de la montagne, avant que l'ennemi les surprenne. Bien qu'il eût précédemment refusé la même autorisation, Muley-El-Abbas crut devoir déférer à cette nouvelle requête, en raison des motifs invoqués par les Tétouanais. Le jour même, l'ennemi avait envoyé des boulets dans la ville, comme un avertissement que sa prise était proche.

Les habitants, usant de la permission de Muley-El-Abbas, procédèrent sans retard à leur déménagement. Mais le trouble et le tumulte que cela occasionna furent mis à profit par les malfaiteurs ; toute retenue, toute pudeur furent méconnues : Arabes, montagnards, population flottante de la cité, tous se ruèrent au pillage des magasins et au sac des maisons particulières ; les gens entrant dans la ville étaient plus nombreux que ceux qui en sortaient ; et cela dura ainsi toute la nuit. Au matin, quand le jour parut, les vols étant consommés, les malfaiteurs se jetèrent les uns sur les autres pour s'arracher leur butin. Il y eut vingt et une personnes tuées.

Dans ces conjonctures, les habitants de Tétouan, n'osant plus quitter la ville, allèrent demander conseil à El Hadj Ahmed ben Ali Ebaïr, originaire de Tanger, qui s'était fixé à Tétouan. Il fut d'avis d'entrer en pourparlers avec O'Donnel et de lui ouvrir la ville pour arrêter le brigandage et les conséquences funestes qui ne pouvaient manquer d'en résulter. Une députation, chargée de porter ces propositions au général espagnol, avait à peine franchi les portes de la ville qu'elle se heurtait aux vedettes de l'ennemi qui l'amenaient en présence d'O'Donnel. Il leur fit le meilleur accueil, leur offrit des aliments et des pâtisseries et leur dit, en résumé : « Je vous traiterai comme ne l'ont pas fait les Français avec les habitants d'Alger et de Tlemcen », c'est-à-dire : « Je vous traiterai mieux qu'ils ne l'ont fait ».

Mais ce jour étant un dimanche, O'Donnel leur donna rendez-vous pour le lundi, à 10 heures du matin. Les députés revinrent et rapportèrent la réponse du général espagnol. Dans la ville, les déprédations n'avaient pas cessé ; elles continuèrent pendant toute la nuit du dimanche au lundi.

Entrée des Espagnols à Tétouan.

Enfin les Espagnols, ayant pris leurs dispositions pour entrer dans Tétouan, s'ébranlèrent en deux colonnes : l'une, sous O'Donnel, passa par le cimetière pour aboutir à la porte de la ville qui y conduit ; l'autre, en gravissant les pentes, se dirigea vers la kasba et le bordj. Les deux colonnes arrivèrent aux portes de la ville en même temps ; O'Donnel, les ayant trouvées fermées, interpella les habitants, qui répondirent que les clefs avaient disparu pendant le pillage des maisons. Sur l'ordre du général, ils brisèrent les serrures et ouvrirent les portes.

O'Donnel fit son entrée accompagné de son état-major et des commandants des troupes ; il se rendit de sa personne à l'hôtel du gouvernement, où il s'installa pendant que chacun des officiers qui l'accompagnaient s'installait dans la maison très clairement indiquée dans le billet de logement dont il avait été muni à l'avance.

Les hommes de la colonne dirigée sur la kasba dressèrent contre les murs de fortes échelles munies de crochets, y grimpèrent lestement, hissèrent leurs drapeaux sur le sommet, en même temps que le canon tonnait. Quand les bandits qui pillaient la ville entendirent le canon et virent flotter les drapeaux espagnols sur la kasba, ils s'enfuirent en débandade, comme un troupeau de moutons épouvantés.

Les Espagnols ramenèrent l'ordre dans la ville et mirent à la tête des musulmans El Hadj Mohammed Ebaïr, dont il a été déjà question.

Cet événement eut lieu dans la matinée du lundi 13 redjeb 1276 (6 février 1860).

Le général O'Donnel disposa ses troupes en deux camps placés l'un à l'est, l'autre à l'ouest, en dehors de la ville, et choisit 10.000 hommes pour occuper Tétouan ; lui-même s'installa au centre d'un des camps extérieurs. On dit qu'il avait en tout, avec lui, une armée de 70.000 combattants, bien armés et bien disciplinés.

Par prudence, et dans la crainte que les musulmans n'aient disposé des mines dans la ville, il fut expressément défendu d'y allumer du feu ; cet ordre fut maintenu et respecté durant quatre jours. Quant aux habitants qui avaient fui, ils durent rentrer dans un délai de quatre jours, sous menace de la confiscation de leurs biens.

Ces mesures étant prises, O'Donnel fit recueillir — toute affaire cessante — la poudre et les canons des musulmans ; ces engins furent envoyés en Espagne et la poudre fut déposée dans le sanctuaire de Sidi-Saïdi. Une chapelle fut installée dans le sanctuaire de Sidi Abdallah El Bekkal, la mosquée du Pacha devint un magasin à grains, et la mosquée de la kasba reçut les approvisionnements de biscuit.

Le général, afin d'apaiser et de rassurer la population, la traita honorablement ; ne lui imposa aucune charge, aucune amende et éleva même les tarifs des marchandises vendues aux troupes. Il en usa de même avec les habitants des villages environnants, si bien qu'un marché considérable s'établit, hors la ville, à l'endroit appelé Koudiat el Medfaâ (la colline du canon) et que les habitants du pays réalisèrent de gros bénéfices.

Il modifia ensuite le plan et les dispositions de la ville d'après les habitudes connues des chrétiens et comme ils en usent dans leurs propres cités ; il fit abattre ce qui ne lui convenait pas : c'est ainsi que les maisons accolées à l'enceinte de la ville en furent séparées. Ces travaux durèrent vingt jours.

Ouverture, puis rupture de négociations.

Les chrétiens et les musulmans, ayant appris que des pourparlers ayant la paix pour objet allaient s'engager entre O'Donnel et Muley-El-Abbas, furent en grande joie. Les deux chefs ayant convenu, en effet, de se réunir, une tente fut dressée à cette intention entre les deux camps. O'Donnel s'y rendit avec son état-major et un représentant de la population de

Tétouan, El Hadj Mohammed Ebaïr. On pensait que ce dernier servirait d'interprète et que par lui on connaîtrait les détails de l'entrevue. Muley-El-Abbas arriva, accompagné des notables de son armée et parmi eux, Abou Abdallah El Khatib, originaire de Tétouan. Mais quand les deux généraux se rencontrèrent, la foule resta éloignée et la tente ne reçut que les deux chefs et El Khatib. Ils restèrent en conférence un peu de temps, puis se séparèrent. O'Donnel offrit la paix à certaines conditions que Muley-El-Abbas se chargea de soumettre à son frère, le sultan Sidi Mohammed.

Peu après arriva la réponse du Sultan, qui refusait les conditions réclamées par les Espagnols.

Les troupes restèrent quelque temps encore dans leurs positions : les colonnes ennemies entourèrent la ville à l'est et à l'ouest, tandis que celle de Muley-El-Abbas en était éloignée d'une demi-journée de marche.

Combat de Samsa.

Ce sont les musulmans qui recommencèrent les hostilités ; ils attaquèrent les colonnes espagnoles établies hors la ville, à l'improviste, par une nuit très sombre (troisième décade de châbane 1276, entre le mardi 13 et le vendredi 23 mars 1860). Le combat dura toute la nuit et toute la journée du lendemain, jusqu'au soir. L'ennemi se défendit vaillamment ; mais la victoire resta aux musulmans, dont les pertes furent peu graves. Les Espagnols perdirent 500 tués et plus de 1.000 blessés.

Après ce désastre, les dispositions d'O'Donnel vis-à-vis des Tétouanais changèrent, et il les traita avec dureté. Il leur imposa la fourniture d'un grand nombre de tapis et de draps pour coucher les blessés que l'on installa dans la mosquée de Chëikh Abou Hassam. Dans la ville, les soldats firent subir toutes sortes de vexations aux habitants.

L'armée espagnole quitte Tétouan. Bataille de Vad-Ras.

Après un repos de dix jours, O'Donnel partit à la rencontre des musulmans ; laisant la ville de Tétouan derrière lui, il atteignit l'oued Bou-Sefeïha. Les habitants des villages environnants s'y portèrent et eurent la satisfaction d'apprendre l'arrivée d'un fort contingent des Hiaïna. Ils marchèrent tous contre les Espagnols et remportèrent sur eux un succès qui faisait oublier les revers passés. La terre était couverte de morts ; on les enterra par huit et dix ensemble en les recouvrant légèrement pour aller plus vite ; il en resta un grand nombre qui n'eurent pas de sépulture, si bien que l'air fut empesté par l'odeur de ces cadavres. Quant à Muley-El-Abbas, il était avec ses troupes loin de ce champ de bataille.

Dans son récit sur cette journée, Manuel (1) convient qu'elle fut un désastre pour les chrétiens, en raison du chiffre de leurs pertes en hommes et en chevaux.

Muley-El-Abbas, en apprenant que les Espagnols s'étaient éloignés de Tétouan et qu'ils étaient aux prises avec les musulmans, à Bou-Sefeïha, renonça à son premier plan et examina la situation, afin d'en élaborer un autre. Il lui parut que le succès de cette journée devait être d'un mince profit pour les musulmans, encore qu'il eût entravé la marche de l'ennemi. En effet, si le but des musulmans était d'exterminer

---

(1) Auteur espagnol.

le plus possible d'ennemis, celui des Espagnols était de s'emparer de la plus grande étendue du pays possible. Il en conclut donc que le parti le plus sage était de proposer la conclusion de la paix, en attendant de Dieu des jours meilleurs pour les musulmans.

Le kaïd Abou Abdallah Mohammed ben Idris ben Hemmane El Djerrari m'a rapporté ce qui suit : « La guerre se prolongeant avec les chrétiens sous Tétouan, le sultan Sidi Mohammed ben Abderrahmane me remit la somme de 6.000 mitskal d'or, destinée aux troupes musulmanes de Tétouan, et me chargea de lui rendre un compte exact de leur situation et de leurs besoins. J'arrivai sur le lieu des opérations le jeudi, veille du combat de Bou Scfeïha. Un émissaire ayant apporté à Muley-El-Abbas la nouvelle que la bataille était engagée, je m'y portai rapidement et arrivai au moment où les musulmans cherchaient un endroit favorable pour déposer leurs bagages et planter leurs tentes, afin d'être plus libres de leurs mouvements contre l'ennemi. Ils avaient choisi la vallée de l'oued Ekraz lorsque les Espagnols les en délogèrent à coups de canon et se mirent à avancer sans rencontrer d'obstacles. Les musulmans battirent en retraite et, ayant trouvé un autre lieu pour mettre leurs bagages en sûreté, ils revinrent au combat. Par deux et trois fois ils rejetèrent les Espagnols sur le point appelé Amçal, leur infligeant des pertes impossibles à dénombrer.

» Ce jour-là est mort en martyr de la sainte cause le gouverneur des sofyane El Bein Malek Abou Mohammed ben Abdesselam ben Abdelkerim ben Aouda el Hariti.

» Les Espagnols passèrent la nuit dans l'oued Ekraz, là même où les musulmans avaient projeté d'installer leur camp. Ces derniers s'établirent à El-

Feindik ; mais la plus grande partie des volontaires se dispersèrent selon leur habitude, chacun allant de son côté. On était à l'époque la plus rigoureuse de l'année, celle des pluies et du froid.

» Je ne fus pas satisfait des résultats de mon enquête. »

Négociations en vue de la paix.

Le lendemain, qui était un samedi, Espagnols et musulmans étaient prêts à reprendre la lutte ; les nôtres pensaient qu'il fallait achever les chrétiens avant qu'ils se reposent et réparent leurs pertes ; mais ils ne se décidèrent pas, et, dans leurs pourparlers, la paix fut envisagée. Cette solution soumise aux deux généraux reçut leur approbation, car ils étaient unanimes à déplorer la guerre et la perte de leurs soldats.

Le dimanche, ils firent simultanément des offres pour décider une conférence en faveur de la paix. Les Espagnols, rassemblés en force, s'apprêtaient, dans une excellente posture, à envisager toute éventualité : la paix, ou la reprise des hostilités. Muley-El-Abbas sortit avec les notables de son entourage et O'Donnel en fit autant, après qu'une petite tente eut été montée pour les recevoir. O'Donnel se porta très loin vers cette tente au-devant de Muley-El-Abbas et l'aborda avec une extrême courtoisie. Ils s'en furent de conserve vers la tente dans laquelle pénétrèrent avec eux un interprète et deux autres personnages. Ils conclurent la paix, échangèrent leurs signatures et chacun regagna son camp.

Cet acte mit fin à la guerre entre les musulmans et les Espagnols. Quand les soldats chrétiens apprirent que la paix était conclue, leur joie fut immense et ils se mirent à crier : « El paz ! El paz ! (la paix ! la paix !). » Ils rentrèrent dans Tétouan, marquant une gaîté bruyante et chaque musulman qu'ils rencontraient était interpellé joyeusement en lui annonçant la bonne nouvelle.

Les conditions de la paix.

Les conditions de la paix étaient les suivantes : 1° le Sultan paierait aux Espagnols vingt millions de réaux ; 2° ceux-ci abandonneraient Tétouan et le pays qu'ils avaient conquis entre cette dernière ville et Ceuta, sauf que leurs possessions antérieures seraient considérablement étendues, en en reportant beaucoup plus loin les limites.

Cette paix fut signée dans les derniers jours du mois de châbane 1276 — entre le mardi 13 et le vendredi 23 mars 1860 (1).

Le Sultan ayant négligé le paiement de l'indemnité stipulée, l'armée espagnole demeura à Tétouan une année entière. Dix millions de réaux ayant été versés après le délai, il fut convenu que les dix millions restants seraient gagés sur le produit des douanes des ports marocains. Les intendants espagnols, chargés de recueillir la moitié des produits mensuels des droits de douane, furent laissés au Maroc, et ils y sont encore, occupés à poursuivre le remboursement de la créance de leur gouvernement. Les Espagnols quittèrent définitivement Tétouan dans la matinée du vendredi 2 de Dou El Kaada 1278 (3 mai 1862) après y avoir séjourné deux ans, trois mois et quinze jours.

---

(1) Cette date est la même que celle indiquée pour le combat de nuit qui eut lieu sous les murs de Tétouan !

OPÉRATIONS MARITIMES

Pendant toute la durée de l'expédition, la marine espagnole, malgré les faibles moyens dont elle disposait, montra un dévouement digne des plus grands éloges. Après avoir assuré, dans les meilleures conditions possibles, le transport du corps expéditionnaire, elle trouva encore le moyen d'agir offensivement contre les ports de Tétouan, Tanger et Larache.

Elle se contenta tout d'abord, il est vrai, de les bloquer, et cela pour les différentes raisons que nous avons exposées, mais dont la principale, à la suite des négociations délicates qui venaient d'avoir lieu avec l'Angleterre, était de ne pas trop gêner le commerce de cette puissance qui, à cette époque, n'avait pas de concurrents dans les ports marocains. Ce fut seulement à la fin de la guerre que l'escadre espagnole se décida à bombarder Larache, Arcila et Rabat.

D'aucuns ont prétendu que ces bombardements, comme ceux, d'ailleurs, de Tanger et de Mogador en 1844, par le prince de Joinville, avaient été parfaitement inutiles et, en tout cas, n'avaient eu aucun effet sur l'issue de la guerre.

Nous ne partageons pas cette opinion, surtout si nous nous reportons à la lettre adressée, quelques jours avant la bataille d'Isly, à Sidi-Mohammed par son père le Sultan.

« Le consul anglais nous dit que la reine imposera la paix aux Français, et qu'ils ne bombarderont pas nos ports. »

Il semble donc que cette question du bombardement ne laissait pas le Sultan absolument indifférent. Et cela se conçoit : au point de vue de ses sujets, c'était un gros coup porté au prestige du descendant de Mahomet, qui semblait ainsi impuissant à les protéger contre les coups des Infidèles.

×

Certains critiques militaires ont aussi prétendu que la flotte espagnole, au lieu de bombarder les ports marocains, aurait contribué, d'une façon beaucoup plus efficace, au succès final, en occupant, sous menace de bombardement, quelques ports de l'Atlantique. Ces ports auraient été, bien entendu, immédiatement organisés en places du moment, afin de pouvoir répondre à une menace possible venant de terre.

Il est certain qu'une telle diversion, se produisant non pas dans une seule direction, mais simultanément sur plusieurs points de la côte, eût jeté le Sultan, tout au moins pendant un certain temps, dans une incertitude assez grande sur le point où il y avait lieu de concentrer ses forces.

Certains extraits de lettres trouvées également dans la tente de Sidi-Mohammed, après la bataille d'Isly, sont, à ce point de vue, des plus suggestifs :

1° Lettre du 17 juillet 1844 de l'empereur du Maroc à son fils Mohammed :

« Si l'Infidèle ne nous attaquait que par terre, je ne lui accorderais pas la paix, car par terre je ne redoute pas ses efforts contre les musulmans, mais j'ai à craindre pour les ports qui, seuls, me donnent des revenus. »

2° Lettre du même au même, 1er août 1844 :

« Encore, si la guerre éclatait en un seul point, je concentrerais toutes les forces des musulmans sur ce point ; mais le Français est plus que tous les autres chrétiens trompeur, haineux et rusé, etc. »

Ces documents semblent montrer qu'une telle diversion pourrait donner, en cas de guerre avec le Maroc, les meilleurs résultats ; mais elle serait de telle envergure qu'elle ne saurait être entreprise que par une puissance maritime de premier ordre. Ce n'était certes pas le cas de l'Espagne en 1859 : avec les faibles moyens dont elle disposait, elle ne pouvait et ne devait même pas songer à un tel genre d'opérations.

×

Cependant, malgré tout le dévouement dont fit preuve la marine espagnole pendant cette guerre de 1859-1860, le général O'Donnel n'en essaya pas moins, à plusieurs reprises, de lui imputer les lenteurs de l'expédition et les retards continuels apportés à la marche en avant.

« L'offensive », dit-il, dans une de ses dépêches, « sera différée tant que la marine n'aura pas activé ses dispositions », ce qui lui attira cette répartie de l'amiral Herrera, commandant en chef de la flotte :

« Vous n'auriez pas dû ignorer ce qui manque et ce dont il est besoin. »

Répartie fort juste, écrasante même pour le général O'Donnel qui savait très bien que la flotte ne pouvait faire davantage, et cela d'autant plus que, pour se conformer aux instructions du commandant en chef de l'expédition, elle perdait un temps précieux à des tâches absolument inutiles : telles que le transport du fameux matériel de siège d'Espagne à Tétouan, puis de Tétouan devant Tanger et, enfin, de Tanger en Espagne, sans que l'on ait eu l'occasion d'utiliser une seule pièce.

Le général O'Donnel était donc peu qualifié pour adresser des reproches à la marine qui, malgré cette singulière attitude, n'en fit pas moins, pendant toute l'expédition, *non seulement son devoir, mais plus que son devoir*, et à ce point de vue mérita longuement les éloges unanimes qui lui furent accordés par le gouvernement et la presse espagnols.

Le sentiment populaire ne s'y trompa d'ailleurs pas et ce fut au milieu d'ovations frénétiques, on pourrait même dire fanatiques, que fut accueilli, à son retour en Espagne, le vaillant chef de l'escadre active : le contre-amiral don José Maria de Bastillos.

CONCLUSIONS

Au cours de cette étude, nous ne nous sommes pas borné à produire des documents ; nous avons surtout essayé de faire ressortir, aussi souvent et aussi clairement qu'il nous a été possible, les enseignements que l'on pouvait et devait même tirer de ces deux guerres qui ont mis en présence, à une époque qui n'est pas encore très éloignée, les Européens et les Marocains.

Nous avons peut-être même insisté un peu longuement sur cette partie didactique ; mais, étant donnée l'orientation que prend actuellement la question du Maroc, il nous a semblé que cette partie présentait un intérêt tout particulier.

C'est la seule raison qui nous a incité à nous engager dans cette voie.

Nous n'avons eu nullement l'intention, d'ailleurs, d'imposer des idées personnelles : notre seul but a été de tirer de l'ensemble de certains faits les déductions qui en découlent presque naturellement et de les mettre ensuite le mieux possible en lumière.

Quant à tirer de ces deux guerres des conclusions ou plutôt des applications à un cas particulier, nous en laissons le soin au lecteur « quand le moment en sera venu ».

Et ce jour-là notre satisfaction sera grande si nous constatons qu'en publiant cette étude nous avons fait œuvre utile.

ANNEXES

ANNEXE N° 1

Lettre adressée par le maréchal Bugeaud au ministre de la guerre la veille de la bataille d'Isly.

Lalla-Margnia, le 13 août 1844.

« Monsieur le Maréchal.

» Depuis plusieurs jours j'étais informé par les Arabes soumis du Sahel de Nedroma et de la Haute-Tafna, que le camp du fils de l'empereur se renforçait tous les jours. L'absence de toute communication avec nos affidés d'Ouchda ; les salves d'artillerie et de mousqueterie que nous entendions soir et matin au camp de l'ennemi ; l'esprit bravache et présomptueux que nous savions régner dans ce camp, tout nous annonce des projets hostiles sur une grande échelle. Ce n'est pas, vous le pensez bien, pour nous faire évacuer notre poste de Lalla-Margnia que l'on fait de tels préparatifs ; il ne s'agit de rien moins, d'après les dires du camp, que de nous prendre la plus grande partie de l'Algérie ; on ne conçoit pas même que nous puissions résister un seul instant.

» Ce matin, il nous est arrivé un spahi que le colonel Yusuf avait fait déserter à l'ennemi il y a huit jours ; il dit avoir parcouru tous les camps sous le prétexte d'y chercher une femme et des parents. Ces camps sont, selon lui, au nombre de neuf, étendus sur l'Isly, depuis Djerf el Akhdar jusqu'à Coudiat Sidi Abderrahman, c'est-à-dire dans un espace de 2 lieues. Quatre de ces camps seraient composés de troupes marocaines ou de makhzen ; un cinquième renfermerait la maison du fils de l'empereur, ses concubines, ses bagages, ses chevaux de main, etc., etc. Celui-là, dit-il, est presque aussi grand que le nôtre.

» Les quatre autres camps sont composés des contingents des tribus.

» D'autres Arabes, qui ont vu les camps des collines voisines, disent qu'il n'y a que cinq camps, mais qu'il en arrive tous les jours. On les évalue environ à 40.000 hommes. Le spahi dit avoir vu neuf pièces de canon, six de montagne et trois de campagne ; il y a aussi deux mortiers, ce qui fait onze pièces. Elles sont servies par des renégats espagnols et anglais. On attend un autre camp qu'amène le second fils de l'empereur.

» J'ai jugé que nous ne pouvions rester plus longtemps sur la défensive sans de graves dangers. Le plus petit de tout, c'est que l'ennemi se renforce tous les jours. Mais ce qui est surtout à craindre, c'est que, nombreux comme il l'est, il ne fasse des détachements sur mes flancs pour aller soulever le pays derrière moi. Il est à redouter aussi qu'une plus longue expectative ne fasse cesser la bonne volonté des tribus qui font mes convois, soit de Tlemcen, soit de Djemâa Ghazaouat.

» Ayant rallié hier M. le général Bedeau, je me décide à me porter ce soir en avant. Je ferai 3 lieues dans la plaine jusqu'à l'entrée de la nuit, en simulant un grand fourrage. Je m'y arrêterai en ordre de marche ; j'y ferai dormir mes colonnes pendant quelques heures, et demain, au petit point du jour, j'arriverai sur l'Isly à 2 lieues de la tête des camps de l'ennemi. Je ferai là une halte d'une heure, si je n'y trouve pas l'ennemi, pour faire boire les hommes et les animaux ; et puis je me porterai en avant pour attaquer, si l'ennemi est encore à la même place. S'il s'était replyé sur sa queue, il est probable que je m'arrêterais à Djerf el Akhdar pour laisser passer la grande chaleur, et que j'attaquerais le soir ou au plus tard le lendemain matin. J'ai environ 8.500 hommes d'infanterie, 1.400 chevaux réguliers, 400 irréguliers et seize bouches à feu, dont quatre de campagne. C'est avec cette petite force numérique que nous allons attaquer cette multitude qui, selon tous les dires, compte 30.000 chevaux, 10.000 hommes d'infanterie et onze bouches à feu. Mais mon armée est pleine de confiance et d'ardeur ; elle compte sur la victoire tout comme son général. Si nous l'obtenons, ce sera un nouvel exemple que le succès n'est pas toujours du côté des gros bataillons, et l'on ne sera plus autorisé à dire que la guerre n'est *qu'un jeu de hasard*.

» J'aurai l'honneur de vous écrire, aussitôt après l'affaire, pour vous dire exactement le résultat, quel qu'il soit.

» Signé : Maréchal Bugeaud. »

ANNEXE N° 2

Rapport officiel du maréchal Bugeaud sur la bataille d'Isly.

Bivouac près de Coudiat-Abderrahman, le 17 août 1844.

« Monsieur le Maréchal,

» Le fils de l'empereur Mulaï Abderrahman n'avait pas répondu à la lettre que je lui avais écrite, après l'espèce de sommation qu'il me faisait d'évacuer Lalla-Margnia si nous voulions la paix. Son armée se renforçait chaque jour par de nouveaux contingents et l'orgueil s'augmentait avec les forces. On parlait ouvertement, dans le camp marocain, de prendre Tlemcen, Oran, Mascara et même Alger. C'était une véritable croisade pour rétablir les affaires de l'islamisme. On croyait qu'il nous était impossible de résister à une aussi grande réunion de cavaliers des plus renommés dans l'empire du Maroc, et l'on n'attendait pour nous attaquer que l'arrivée des contingents d'infanterie des Beni-Snassen et du Rif, qui devaient nous assaillir par les montagnes au pied desquelles se trouve Lalla-Margnia, pendant qu'une immense cavalerie nous envelopperait du côté de la plaine.

» Les neuf jours d'incertitude qui venaient de s'écouler avaient déjà jeté derrière moi du trouble dans les esprits ; notre inaction était attribuée à la peur, les partis ennemis avaient déjà attaqué deux fois nos convois de Djemâa Ghazaouat, et la bonne volonté des tribus qui les font était bien près de s'éteindre. Deux reconnaissances étaient venues jusqu'à une portée de fusil de Lalla-Margnia et avaient attaqué nos avant-postes. Un plus long doute sur notre force et sur notre volonté de combattre les adversaires que nous avions en face pouvait provoquer derrière nous des révoltes qui, indépendamment des autres embarras, auraient suspendu les approvisionnements du corps d'armée de l'Ouest. J'aurais préféré, par ces chaleurs excessives, recevoir la bataille que d'aller attaquer un ennemi qui était à 8 lieues de moi ; mais les dangers d'une plus longue attente me décidèrent à prendre l'initiative.

» Le général Bedeau m'ayant rallié le 12 avec 3 bataillons et 6 escadrons, je me portai en avant le 13 à 3 heures après midi, en simulant un grand fourrage, afin de ne pas laisser comprendre à l'ennemi que c'était réellement un mouvement offensif. A la tombée de la nuit, les fourrageurs revinrent sur les colonnes, et nous campâmes dans l'ordre de marche en silence et sans feu. A 2 heures du matin, je me remis en mouvement. Je passai une première fois l'Isly au point du jour sans rencontrer l'ennemi. Arrivé a 8 heures du matin sur les hauteurs de Djarf el Akhdar, nous aperçûmes tous les camps marocains encore en place, s'étendant sur les collines de la rive droite. Toute la cavalerie qui les composait s'était portée en avant pour nous attaquer au second passage de la rivière. Au milieu d'une grosse masse qui se trouvait sur la partie la plus élevée, nous distinguâmes parfaitement le groupe du fils de l'empereur, ses drapeaux et son parasol, signe du commandement. Ce fut le point que je donnai au bataillon de direction de mon ordre échelonné. Arrivés là, nous devions converger à droite et nous porter sur les camps en tenant le sommet des collines avec la face gauche de mon carré de carrés. Tous les chefs des diverses parties de mon ordre de combat étaient auprès de moi ; je leur donnai rapidement mes instructions et, après cinq ou six minutes de halte, nous descendîmes sur les gués, au simple pas accéléré et au son des instruments. De nombreux cavaliers défendaient le passage ; ils furent repoussés par mes tirailleurs d'infanterie, avec quelques pertes des deux côtés, et j'atteignis bientôt le plateau immédiatement inférieur à la butte la plus élevée où se trouvait le fils de l'empereur. J'y dirigeai le feu de mes quatre pièces de campagne, et à l'instant le plus grand trouble s'y manifesta. Dans ce moment des masses énormes de cavalerie sortirent des deux côtés de derrière les collines et assaillirent à la fois mes deux flancs et ma queue. J'eus besoin de toute la solidité de mon infanterie ; pas un homme ne se montra faible. Nos tirailleurs, qui n'étaient qu'à 50 pas des carrés, attendirent de pied ferme ces multitudes, sans faire un pas en arrière ; ils avaient ordre de se coucher par terre, si la charge arrivait jusqu'à eux, afin de ne pas gêner le feu des carrés. Sur la ligne des angles morts des bataillons, l'artillerie vomissait la mitraille. Les masses ennemies furent arrêtées et se mirent à tourbillonner. J'accélérai leur retraite et j'augmentai leur désordre en retournant sur elles mes quatre pièces de campagne, qui marchaient en tête du système. Dès que je vis que les efforts de l'ennemi sur mes flancs étaient brisés, je continuai ma marche en avant. La grande butte fut enlevée et la conversion sur les camps s'opéra.

» La cavalerie de l'ennemi se trouvant divisée par ses propres mouvements, et par ma marche qui la coupait en deux, je crus le moment venu de faire sortir la mienne sur le point capital qui, selon moi, était le camp que je supposais défendu par l'infanterie et l'artillerie. Je donnai l'ordre au colonel Tartas d'échelonner ses dix-neuf escadrons par la gauche, de manière à ce que son dernier échelon fût appuyé à la rive droite de l'Isly. Le colonel Yusuf commandait le premier échelon, qui se composait de six escadrons de spahis soutenus de très près en arrière par trois escadrons du 4ᵉ chasseurs.

» Ayant sabré bon nombre de cavaliers, le colonel Yusuf aborda cet immense camp, après avoir reçu plusieurs décharges de l'artillerie. Il le trouva rempli de cavaliers et de fantassins qui disputèrent le terrain pied à pied. La réserve des trois escadrons du 4ᵉ chasseurs arriva ; une nouvelle impulsion fut donnée, l'artillerie fut prise et le camp fut enlevé. Il était couvert de cadavres d'hommes et de chevaux. Toute l'artillerie, toutes les provisions de guerre et de bouche ; les tentes du fils de l'empereur ; les tentes de tous les chefs ; les boutiques de nombreux marchands qui accompagnaient l'armée, tout, en un mot, resta en notre pouvoir. Mais ce bel épisode de la campagne nous avait coûté cher : quatre officiers de spahis et une quinzaine de spahis et de chasseurs y avaient perdu la vie ; plusieurs autres étaient blessés.

» Pendant ce temps le colonel Morris, qui commandait les deuxième et troisième échelons, voyant une grosse masse de cavalerie qui se précipitait de nouveau sur mon aile droite, passa l'Isly pour briser cette charge, en attaquant l'ennemi par son flanc droit. L'attaque contre notre infanterie échoua comme les autres ; mais alors M. le colonel Morris eut à soutenir le combat le plus inégal. Ne pouvant se retirer sans s'exposer à une défaite, il résolut de combattre énergiquement jusqu'à ce qu'il lui arrivât du secours. Cette lutte dura plus d'une demi-heure ; les six escadrons furent successivement engagés et à plusieurs reprises nos chasseurs firent des prodiges de valeur : 300 cavaliers berbères ou Abids bokhari tombèrent sous leurs coups.

» Enfin le général Bedeau, commandant l'aile droite, ayant vu l'immense danger que courait le 2ᵉ chasseurs, détacha six bataillons de zouaves, un bataillon du 15ᵉ léger et le 9ᵉ bataillon de chasseurs d'Orléans, pour attaquer l'ennemi du côté des montagnes. Ce mouvement détermina sa retraite. Le colonel Morris reprit alors l'offensive sur lui et exécuta plusieurs charges heureuses dans la gorge par où il se retirait.

» Cet épisode est un des plus vigoureux de la journée ; 550 chasseurs du 2ᵉ combattirent 6.000 cavaliers ennemis. Chaque chasseur rapporta un trophée de cet engagement : celui-ci un drapeau, celui-là un cheval, celui-là une armure, tel autre un harnachement.

» L'infanterie n'avait pas tardé à suivre au camp les premiers échelons de cavalerie. L'ennemi s'était rallié en grosses masses sur la rive gauche de l'Isly et semblait se disposer à reprendre le camp. L'infanterie et l'artillerie le traversèrent rapidement, l'artillerie se mit en batterie sur la rive droite et lança de la mitraille sur cette vaste confusion de cavaliers se réunissant de tous les côtés.

» L'infanterie passe alors la rivière sous la protection de l'artillerie ; les spahis débouchent et sont suivis de près par les trois escadrons du 4ᵉ et le quatrième échelon, composé de deux escadrons du 1er régiment de chasseurs, et de deux escadrons du 2e de hussards aux ordres de M. le colonel Gagnon.

» Les spahis, se voyant bien soutenus par la cavalerie et l'infanterie, recommencèrent l'attaque ; l'ennemi fut vigoureusement poussé pendant une lieue, sa déroute devint complète ; il se retira, partie par la route de Thaza, partie par les vallées qui conduisent aux montagnes des Beni-Snassen.

» Il était alors midi, la chaleur était grande, les troupes de toutes armes étaient très fatiguées ; il n'y avait plus de bagages ni d'artillerie à prendre, puisque tout était pris ; je fis cesser la poursuite et je ramenai toutes les troupes dans le camp du sultan.

» Le colonel Yusuf m'avait fait réserver la tente du fils de l'empereur ; on y avait réuni les drapeaux pris sur l'ennemi au nombre de dix-huit, les onze pièces d'artillerie, le parasol de commandement du fils de l'empereur, et une foule d'autres trophées de la journée.

» Les Marocains ont laissé sur le champ de bataille au moins 800 morts, presque tous de cavalerie ; l'infanterie, qui était peu nombreuse, nous échappa en très grande partie à la faveur des ravins. Cette armée a perdu en outre tout son matériel ; elle a dû avoir de 1.500 à 2.000 blessés.

» Notre perte a été de 4 officiers tués, 10 autres blessés, de 23 sous-officiers ou soldats tués et de 86 blessés.

» La bataille d'Isly est dans l'opinion de toute l'armée la consécration de notre conquête de l'Algérie. Elle ne peut manquer aussi d'accélérer beaucoup la conclusion de nos différends avec l'empire du Maroc.

» Je ne saurais trop louer la conduite de toutes les

armes, dans cette action qui prouve une fois de plus la puissance de l'organisation et de la tactique, sur les masses qui n'ont que l'avantage du nombre. Sur toutes les faces du grand losange formé des carrés par bataillons, l'infanterie a montré un sang-froid imperturbable. Les bataillons des quatre angles ont été tour à tour assaillis par 3.000 ou 4.000 chevaux à la fois, et rien n'a été ébranlé un seul instant. L'artillerie sortait en avant des carrés pour lancer la mitraille de plus près. La cavalerie, quand le moment a été venu, est sortie avec une impétuosité irrésistible et a renversé tout ce qui se trouvait devant elle.

» D'après tous les rapports des prisonniers et des Arabes qui avaient vu les camps de l'ennemi, on ne peut évaluer ses cavaliers à moins de 25.000. Ils se sont montrés très audacieux ; mais la confusion rendait leurs efforts impuissants. Les plus braves venaient se faire tuer à bout portant. Il ne leur manquait pour bien faire que la force d'ensemble et une infanterie bien constituée pour appuyer leurs mouvements. Avec un gouvernement comme le leur, il faudrait plusieurs siècles pour leur donner les conditions du succès dans les batailles.

» Je n'entreprendrai pas d'énumérer toutes les actions d'éclat qui ont signalé cette journée ; mais je ne puis me dispenser de citer les noms des militaires de tous grades qu'on a le plus remarqués.

» J'ai été parfaitement secondé dans la conduite de cette bataille, qui a duré quatre heures, par M. le lieutenant-général *de Lamoricière*, par M. le général *Bedeau*, commandant la colonne de droite ; par MM. le colonel *Pélissier*, commandant la colonne de gauche ; le colonel *Cavaignac*, du 32°, commandant la tête de colonne du centre ; le colonel *Gachot*, du

3ᵉ léger, commandant l'arrière-garde ; le colonel *Tartas*, commandant toute la cavalerie ; par M. le colonel *Yusuf*, qui s'est hautement distingué dans le commandement des neuf escadrons composant le premier échelon de cavalerie, et M. le colonel *Morris*, qui a soutenu avec autant d'intelligence que de vigueur le combat sur la rive gauche de l'Isly, que j'ai décrit plus haut. M. le capitaine *Bonami*, commandant mes seize pièces d'artillerie, a dirigé son feu partout avec intelligence et a rendu de très grands services.

» Je citerai, dans l'état-major général, mon aide de camp, M. le colonel *Eymard* ; M. le lieutenant-colonel *de Crény*, chef d'état-major de la colonne ; MM. les chefs d'escadron *de Gonyon* et *de Martimprey* (1) ; M. le colonel *Foy* (2), qui a rempli près de moi les fonctions d'officier d'ordonnance ; M. le commandant *Caillié*, qui a rempli les mêmes fonctions auprès du général Bedeau ; MM. les capitaines *de Courson* (3), *Espivent* (4), *de Cissey* (5) et *Trochu* (6) ; M. le lieutenant *Baudoin* ; mes officiers d'ordonnance, MM. le chef d'escadron Rivet et les capitaines *Guilmot* et *de Garraube* ; mon interprète principal, M. *Roches*, qui se distingue en toutes occasions de guerre, pour laquelle la nature l'avait fait ; enfin le chef Douair Caïd Mohammed ben Caddour, attaché à ma personne, qui a pris un drapeau.

» Je citerai, dans le corps des spahis, MM. les lieutenants *Damatle* et *Ditev*, et les sous-lieutenants *Rozelli* et *Bouchakor*, tués en enlevant le camp ; MM. les chefs d'escadron *d'Allonville*, *Favas* et *Cassaignolles* ;

(1, 2, 3, 4, 5, 6) Devenus plus tard les généraux bien connus. Le commandant de Martimprey dirigea en 1859, comme général de division, l'expédition contre les Beni-Snassen.

les capitaines *Offroy* (blessé), *Billoud* et *Joson*, qui se sont hautement distingués en enlevant des pièces d'artillerie ; les capitaines *Lambert* et *Fleury* (1), adjudant-major ; les lieutenants *Legrand* (2), *Gautrot* et *Michel ;* les sous-lieutenants *du Barrail* (blessé) (3), *Bertrand de Noissac ;* le lieutenant indigène *Mustapha Ahmet ;* les sous-lieutenants *Caid Osman, Mohammed ben Rhouia*, qui a pris un drapeau ; le chirurgien aide-major *Stéphanopoli*, l'artiste vétérinaire en 1er *Lagardère*, les adjudants *Kobus* et *Lefebvre*, les maréchaux des logis *Caudas, Mohammed ben Sabov*, qui a pris un drapeau ; *Mohammed Ould Amedaâ*, qui a pris un drapeau ; *Cuissin, de Bardiès, Pigeon, Lafayette, Mignot, Béguin, Massé, Gide, Chalamel* (blessé), *Hadj Braham ;* les brigadiers *Ben Djerid, de Gradel, Schafi bel Arbi*, qui a pris un drapeau ; *Jacotot, Roussé* (blessé) a pris un drapeau, *Kneuv Adda ben Atoman ;* les spahis *Caddour Ahmet*, qui a pris un drapeau ; *Bonafosse* (blessé), *Mohammed ben Abid* (blessé) ; *Corvoisier*, qui a pris un drapeau ; *Hugon* (blessé), *de Douhet, Caddour ben Abd el Kader* (blessé), les trompettes *Landry, Justin* et *Dugommier* (blessé).

» Dans les trois escadrons du 4e chasseurs : M. le commandant *Cristey*, MM. les capitaines *de Loë, Ducrest, Laillaud, de Noillac ;* les lieutenants *Gouget* et *Le Bègue ;* les sous-lieutenants *Guiraud, Nyel* (blessé), *Nayërt, de Balzac ;* le chirurgien aide-major *Vallin* (blessé), vétérinaire *Vallon ;* les maréchaux des logis *Bouraud, Cardolle, Cordier, d'Henriquen, Vialaud, Petion, Noyras ;* les brigadiers *Bory, Nu-*

(1, 2, 3) A la fin du second Empire généraux de division. Le général du Barrail devint même, après la guerre de 1870, ministre de la guerre.

nier, *Dupug*, *Gérard* (tué), *Jude*, brigadier-trompette ; les chasseurs *Darguet, Courteau, Carlier* et *Duprat* (blessés), le premier a pris un drapeau ; les chasseurs *Helstein* et *Jayet* (blessés), *Vesse, Huges*, qui a pris un drapeau ; *Robert, Guicheteau*, Barthélémi (blessés), le chasseur *Reynaud*.

» Dans le 2ᵉ régiment de chasseurs : M. le chef d'escadron *Houdaille* ; MM. les capitaines *de Forton* (1), *Decotte, Rousseau, Lecomte, Joly, Delacaze* et *Houssaye* (adjudant-major) ; les lieutenants *Vaterneau, Devidil, Colonna* ; les sous-lieutenants *Demagny* (blessé), *de la Chère* (blessé), *Espanet, Roger* ; l'adjudant *Justrac* ; les maréchaux des logis chefs *Pougerville, Baudette, Aubin* et le trompette-major *Maury* ; les maréchaux des logis *Cornac* (blessé), *de Brigode, Lenormand*, qui a pris le grand étendard ; *Pargny, Frantz, Boulanger, Beaudoin, Singlé* (blessé), *Kergrée, Daugé* (blessé), *Renaud, Bernard, Guillaumin, Riebès*, qui a pris un drapeau ; les chasseurs *Tisuetdebat*, qui a pris un drapeau ; *Lallemand*, qui a pris un drapeau ; *Vaguener* (blessé) ; *Esther*, qui a tué un porte-étendard ; *Pagès*, trompette ; *Malpas* (blessé), *Schmitt* (blessé).

» Dans le 1ᵉʳ régiment de chasseurs : MM. les capitaines *Tallet* et *Vidallin* ; *Rivat*, lieutenant ; *Dervieux*, sous-lieutenant ; les maréchaux des logis *Lauth* et *Raymond*, le brigadier *Pack*.

» Dans le 2ᵉ de hussards : M. le colonel *de Gagnon* ; M. le chef d'escadron *Courby de Cognord* (2) ; les capitaines *Gentil, Saint-Alphonse* et *Delard* ; le lieutenant *Pernet* ; le sous-lieutenant *Aragnon* ; les maréchaux des logis *Barnoud* et *Marlien*.

---

(1) Le général du second Empire.
(2) Tué à Sidi-Brahim l'année suivante.

» M. le colonel Tartas cite particulièrement M. le capitaine adjudant-major *Bastide*, du 4° chasseurs ; les adjudants *Le Cartier de Vestud* et *Durys*, le trompette-major *Saignier* et le brigadier *Lestoquoy*. Je dois citer encore dans le makhezen M. le chef d'escadrons *Walsin-Esthérazy*, commandant les douars et les smélas.

» Je citerai comme s'étant fait particulièrement remarquer dans la colonne de droite : M. le colonel *Chadeysson*, du 15° régiment d'infanterie légère ; le commandant *Bosc*, du 13° léger ; le commandant *d'Autemarre*, des zouaves ; le capitaine *Guyot*, du 9° bataillon de chasseurs d'Orléans ; le capitaine *Hardy*, du 13° léger ; l'adjudant *Cambon*, des zouaves ; le sergent *Safrané*, du même corps.

» Dans la colonne de gauche : M. le colonel *Decomps*, commandant les trois bataillons du 48° ; MM. les chefs de bataillon *Blondeau*, *Chevauchaud*, *Latour* et *Fossier*, du même régiment ; le lieutenant *Carbonnel* et le caporal *Brégaud*, aussi du 48° ; M. le colonel *Renault*, commandant le 6° léger ; le carabinier *Morel*, du même corps ; le chef de bataillon *Boat*, commandant le 10° bataillon de chasseurs d'Orléans ; le caporal *Sorval*, du même bataillon.

» Dans les bataillons faisant tête de colonne, je citerai : M. le commandant *Froment-Coste* (1), commandant le 8° bataillon de chasseurs d'Orléans ; MM. les capitaines *Delmas* (2) et *Dutertre* (3) et l'adjudant sous-officier *Fléchet*, du même corps.

» Dans le 32° régiment : M. le capitaine adjudant-major *Chardon* et le sergent des voltigeurs *Binker*.

» Dans le 41° : M. le colonel Roguet ; le lieutenant

(1, 2, 3) Tués l'année suivante à Sidi-Brahim.

de grenadiers *Irat-Sogny* ; le sergent de grenadiers *Milhourat*.

» Dans les bataillons formant l'arrière-garde : M. le chef de bataillon *Bez*, du 3ᵉ léger ; M. le capitaine *Morizot*, le sous-lieutenant *Bonnefous*, le chirurgien-major *Duroulgé* ; les sergents *Durazzo* et *Guazennec*, le carabinier *Lautrin* et le voltigeur *Berlière*, du même corps.

» Dans le 3ᵉ bataillon de chasseurs d'Orléans : M. le chef de bataillon *Baüyn de Perreuse* et le capitaine *Jourdain*.

» Dans l'artillerie : MM. *Clappier*, capitaine ; *Place*, capitaine ; MM. les lieutenants *Duchaud*, *Lebœuf* et *Chavaudret* ; les maréchaux des logis *Loubion*, *Wœchter*, *Maure*, *Déché* ; le brigadier *Cotteret*, le canonnier *Lamboulas*.

» Enfin je dois une mention (spéciale) particulière à M. le capitaine *Delamoinonnière*, du 48ᵉ, remplissant dans ma colonne les fonctions de sous-intendant ; à M. *Philippe*, chirurgien principal de la colonne, et à M. *Barbet*, comptable des hôpitaux, directeur des ambulances.

» Signé : Maréchal Bugeaud. »

ANNEXE N° 3

LA BATAILLE D'ISLY (1)

Lettre adressée par Léon Roches, interprète en chef de l'armée d'Afrique, à son cousin le commandant X..., détaché au ministère de la guerre (2).

Koudiet-Abd-er-Rahman, 16 août 1844.

« Ah ! mon cher commandant, pourquoi n'as-tu pas suivi mon conseil et pourquoi n'étais-tu pas à la tête d'un des bataillons du 15ᵉ léger qu'on t'avait dans le temps proposé ? Tu aurais assisté à un de ces grands drames militaires qui ont illustré les armées de notre belle France.

» C'est sous le coup des impressions de cette glorieuse journée que je prends la plume pour t'en faire le récit.

» La bataille d'Isly, examinée au point de vue de la tactique militaire, fait, certes, un grand honneur à la petite armée qui y a pris part et à l'illustre capitaine qui la commandait. Elle est pourtant moins digne d'admiration que la résolution même de la livrer, prise par le maréchal Bugeaud.

---

(1) Il nous a paru intéressant de faire suivre le rapport officiel du maréchal Bugeaud du récit si pittoresque que fait de la bataille d'Isly Léon Roches, l'interprète principal du petit corps expéditionnaire.

(2) Extrait de *Trente-deux ans à travers l'Islam*, par Léon Roches. Librairie Firmin-Didot.

» A l'appui de cette assertion, quelques explications succinctes sont nécessaires.

» Malgré plusieurs combats meurtriers entre nos troupes et les troupes marocaines, rencontres dont la responsabilité incombait aux agents de l'empereur du Maroc, le gouvernement français, redoutant de graves complications avec l'Angleterre, persistait à écrire et au prince de Joinville, commandant l'escadre qui croisait dans les eaux du Maroc, et au maréchal Bugeaud, que, le pavillon français n'ayant pas été insulté, il n'y avait pas lieu de déclarer la guerre au Maroc.

» L'inaction à laquelle cette raison politique condamnait notre escadre et notre armée encourageait l'audace du fils de l'empereur, qui s'avançait vers l'Algérie avec l'intention formelle de nous chasser de Lalla-Maghrnia. Trompé par les rapports des personnages fanatiques qui l'entouraient ; poussé, peut-être, par les agents d'Abd-El-Kader, il osait même parler du projet de reconquérir la province d'Oran.

» A la tête d'une nombreuse cavalerie régulière, à laquelle étaient venus se joindre les contingents de toutes les tribus berbères et arabes qui occupent le vaste territoire situé entre Fez et Ouchda, Muley-Mohammed (héritier présomptif de Mouley-Abd-Er-Rahman, empereur du Maroc) voyait augmenter chaque jour le nombre de ses soldats. Toutes les tribus marocaines voulaient prendre part à la guerre contre les infidèles, et combien de tribus algériennes faisaient des vœux pour le succès de la sainte entreprise ! Que de protestations de dévouement arrivaient chaque jour à ce prince par les émissaires de ceux qui se disaient nos alliés !

» Selon eux, que pouvait la petite armée française contre les masses formidables de cavaliers intrépides conduits par le prince des Croyants ? Le moindre revers essuyé par les Français eût été, il faut le dire, le signal du soulèvement général de tous les Arabes de l'Algérie.

» En face de pareilles éventualités, ne serait-il pas téméraire de tout remettre au sort d'une bataille ? Ne serait-il pas plus prudent de temporiser ? Telle était la pensée secrète de plusieurs généraux, dont, certes, on ne pouvait mettre en doute ni le courage, ni le patriotisme. Tel ne fut point l'avis du maréchal. Il comprit que l'occasion se présentait de frapper un grand coup, ayant le triple avantage de mettre à jamais un terme aux projets ambitieux des souverains du Maroc, de consolider notre domination en Algérie et d'ajouter une belle page aux annales glorieuses de la France, et il la saisit avec la promptitude qui, à la guerre, est un des éléments du succès.

» C'est alors que ce grand patriote, ce grand capitaine écrit au prince de Joinville, l'adjurant de ne pas prêter l'oreille aux conseils de gens plus préoccupés de ménager les susceptibilités d'une nation soi-disant alliée que de sauvegarder l'honneur de la France. Il ajoute qu'il n'y a pas de différence, selon lui, entre le pavillon et le drapeau de la France, que ce drapeau a été insulté par les Marocains et que l'escadre et l'armée doivent, en dehors de toute considération politique, venger cet outrage. Quelques jours après, le jeune prince lui annonçait le bombardement de Tanger. « Mon Prince », lui répond le maréchal (le 12 août 1844), « vous avez tiré sur moi » une lettre de change, je vous promets d'y faire » honneur ; demain, j'exécute une manœuvre qui me

» rapprochera, à son insu, de l'armée du fils de
» l'empereur ; et après-demain, je la mets en dé-
» route. »

» Dès le 10 août, le maréchal avait entre ses mains un travail que je lui avais remis et qui contenait des renseignements aussi précis que possible sur l'emplacement du camp marocain, sur les diverses routes qui y aboutissaient, sur la composition de son armée et enfin sur le nombre de cavaliers et de fantassins formant l'armée du fils de l'empereur. J'ai conservé la minute de ce travail. Les bruits répandus portaient le nombre des combattants à 150.000. C'était faux. D'après mes renseignements, dont l'exactitude a été vérifiée depuis, nous devions nous attendre à combattre 6.000 cavaliers réguliers de la garde de l'empereur, 1.000 à 1.200 fantassins préposés à la garde de Muley-Mohammed et environ 40.000 cavaliers, contingents des tribus de l'Est de l'empire.

» La journée du 12 avait été consacrée par le maréchal à la rédaction des instructions données à chaque chef de corps. Il était fatigué plus que de coutume et s'étendit sur son lit de camp, immédiatement après notre dîner.

» Dans la matinée, quatre escadrons de cavalerie (1), arrivant de France, étaient venus nous rejoindre et les officiers des chasseurs d'Afrique et des spahis avaient invité tous les officiers du camp, que ne retenait pas leur service, à un punch donné en l'honneur des nouveaux arrivés.

» Sur les bords de l'Isly, ils avaient improvisé un vaste jardin, dont l'enceinte et les allées étaient for-

---

(1) Deux escadrons du 1er chasseurs et deux escadrons du 2e hussards, commandés par le colonel de Gagnon.

mées par de splendides touffes de lauriers-roses et de lentisques. Des portiques en verdure garnissaient l'allée principale conduisant à une vaste plate-forme également entourée de lauriers-roses. Tout cet emplacement était splendidement illuminé par des lanternes en papier de diverses couleurs. Que ne trouve-t-on pas dans un camp français ?

» En voyant ces nombreux officiers de tout grade et de toutes armes réunis dans ce lieu pittoresque, mes camarades et moi, composant l'état-major du maréchal, regrettâmes vivement son absence. Il eût trouvé là une de ces occasions qu'il recherchait de se mettre en communication directe avec ses compagnons d'armes. Mais il était terriblement fatigué, et qui oserait troubler son repos ?

» Moins astreint que mes amis aux règles sévères de la hiérarchie militaire, je me chargeai de la commission et retournai à nos tentes.

» Il s'agissait de réveiller notre illustre chef. Je reçus une rude bourrade. Mais il était si bon ! En deux mots je lui expliquai le motif de ma démarche. Il se couchait tout habillé ; aussi n'eut-il qu'à mettre son képi à la place du casque à mèche légendaire et nous voilà partis. Il maugréa bien encore un peu durant le trajet de sa tente au jardin improvisé, car il nous fallut marcher pendant plus d'un kilomètre à travers les inégalités du terrain, embarrassés par les cordes des tentes et les piquets des chevaux.

» Ces petites contrariétés furent vite oubliées. A peine, en effet, le maréchal était-il entré dans l'allée principale qu'il fut reconnu et salué par d'enthousiastes acclamations. Chacun voulait le voir ; les officiers supérieurs, les généraux n'avaient pas seuls le privilège de lui toucher la main. Enfin, il arrive sur la plate-forme où le punch était servi. Tous les assistants forment le cercle autour de lui. Les généraux et les colonels sont à ses côtés. Il n'a pas de temps à perdre, dit-il, il a besoin de se reposer pour se préparer aux fatigues de demain et d'après-demain. »

« Après-demain, mes amis, s'écrie-t-il, de sa voix
» forte et pénétrante, sera une grande journée, je
» vous en donne ma parole.

» Avec notre petite armée, dont l'effectif s'élève
» à 6.500 baïonnettes et 1.500 chevaux, je vais atta-
» quer l'armée du prince marocain qui, d'après mes
» renseignements, s'élève à 60.000 cavaliers. Je vou-
» drais que ce nombre fût double, fût triple, car plus
» il y en aura, plus leur désordre et leur désastre se-
» ront grands. Moi j'ai une armée, lui n'a qu'une
» cohue. Je vais vous expliquer mon ordre d'attaque.
» Je donne à ma petite armée la forme d'une hure
» de sanglier. Entendez-vous bien : la défense de
» droite, c'est Lamoricière ; la défense de gauche,
» c'est Bedeau ; le museau, c'est Pélissier, et moi
» je suis entre les deux oreilles. Qui pourra arrêter
» notre force de pénétration ? Ah ! mes amis, nous
» entrerons dans l'armée marocaine comme un cou-
» teau dans du beurre.

» Je n'ai qu'une crainte, c'est que, prévoyant une
» défaite, elle ne se dérobe à nos coups. »

« Comment pouvoir décrire l'effet produit par le discours du maréchal, dont je rends le fond, mais qui perd cette forme originale que revêtait sa parole si bien faite pour remuer la fibre du soldat !

» Le lendemain, toute l'armée connaissait le discours du punch et, s'identifiant avec l'âme de son chef, elle comme lui n'avait plus qu'une crainte, celle de voir se dérober les Marocains.

» Chaque jour le maréchal ordonnait un fourrage. Tout ou partie de la cavalerie, appuyée par de l'infanterie, allait couper les blés, l'orge ou l'herbe nécessaires pour nourrir les chevaux et les bêtes de somme. Les Marocains, qui nous observaient, s'étaient habitués à cette opération, qu'ils entravaient parfois, sans qu'elle leur inspirât aucun soupçon sur nos intentions. Le 13, le fourrage se fit comme d'habitude, mais toute l'armée y prit part et, à la tombée de la nuit, au lieu de rentrer dans le camp, on resta sur place. Défense expresse d'allumer le moindre feu et même de fumer. Chaque cavalier tenait son cheval par la bride.

» A une heure du matin, nous nous mîmes en marche, en gardant le plus profond silence. A 6 heures, nous venions de gravir une colline qui nous séparait de l'oued Isly, quand apparut à nos yeux le camp marocain, que dis-je, le camp, les camps marocains. Ils étaient au nombre de sept et occupaient un espace plus grand que le périmètre de Paris.

» A cette vue, tous les soldats poussèrent un hurrah formidable et jetèrent en l'air la canne qui sert à soutenir leur tente-abri pendant la nuit et leur sac pendant les haltes du jour. Ce lieu a été nommé le « champ des cannes ». Les Marocains commençaient à peine à sortir de leurs tentes. L'alerte fut vite donnée. Bientôt nous les vîmes à cheval, et un grand nombre s'avança pour nous disputer le passage de la rivière.

» La petite armée française se remit en marche dans l'ordre indiqué par le maréchal. Après le passage de l'Isly, qui s'effectua avec un ordre parfait, sans nous coûter trop de pertes, elle s'avança au travers des masses marocaines qui l'enveloppaient complètement. « Elle ressemblait », me disait un de nos cavaliers arabes, « à un lion entouré par cent mille » chacals. »

» Les Marocains opéraient sur nos petits bataillons des charges composées de 4.000 ou 5.000 cavaliers. Nos fantassins les laissaient arriver à petite portée et les accueillaient alors avec des feux si nourris et si bien dirigés que le premier rang, décimé, se rejetait sur le second et tous deux jetaient le désordre dans ces masses indisciplinées.

» Pendant deux heures environ, ces charges se renouvelèrent avec le même insuccès et toujours notre petite armée s'avançait, sans que les fameuses défenses, les généraux Bedeau et Lamoricière, fussent obligés de faire former le carré à leurs bataillons, ainsi que le maréchal en avait donné l'ordre au cas où les charges de cavaliers marocains eussent été mieux conduites. On pouvait très justement dire que nous essuyions une pluie de balles ; en effet, dans les charges que la cavalerie ennemie exécutait sur une grande profondeur, le premier et le second rangs ayant seuls un tir efficace, tous les autres étaient forcés de tirer en l'air et je n'exagère nullement en disant que tous, soldats, officiers et généraux, nous avons été atteints au moins une fois par des balles mortes.

» Arrivé aux premières tentes, le maréchal, voyant le désordre augmenter dans les rangs ennemis, lança sa cavalerie qu'il avait gardée jusque-là entre les deux oreilles de la hure.

» Une partie des chasseurs d'Afrique, les spahis et les régiments de cavalerie arrivés l'avant-veille, sous les ordres de Yusuf et du colonel Tartas, envahirent le camp marocain et s'emparèrent de toute l'artillerie, quatorze pièces. Un combat très vif s'engagea autour de la tente du prince marocain. L'arrivée presque immédiate de notre infanterie compléta la déroute de cette armée, que le maréchal avait bien nommée une cohue.

» J'arrive à l'épisode du colonel Morris, où la personne de ton cousin a été singulièrement compromise. Ne m'accuse pas de forfanterie, si je cède pour une seule fois au désir de te raconter un acte qui, en somme, n'a rien d'héroïque, mais qui prouve l'effet extraordinaire que peut produire une audacieuse résolution sur une troupe indisciplinée.

» Au moment où le maréchal, à la tête de son état-major, pénétrait dans le camp marocain, il aperçut le colonel Tartas qui se disposait à reprendre une charge contre un gros de cavalerie ennemie : « Mais où est donc Morris ? » demanda-t-il. On braque les jumelles et les longues-vues et on indique au maréchal le régiment du 2ᵉ chasseurs qui, sur la rive gauche de l'Isly, se trouvait en face d'un corps considérable de cavaliers marocains. « J'avais défendu que » la cavalerie poussât une charge au delà de l'Isly », s'écria le maréchal avec humeur ; « Rivet, portez » l'ordre au colonel Morris de rallier immédiate- » ment ! » Les deux chevaux de Rivet étaient à moitié fourbus, ceux de Garraube et de Guilmot ne valaient guère mieux, et le colonel Eynard, premier aide de camp, ne pouvait s'éloigner du maréchal. Comme mon troisième cheval était frais et dispos, c'est moi qui fus chargé d'aller porter l'ordre au colonel Morris.

» Je connaissais parfaitement la situation occupée par les divers corps de notre petite armée. Je me dirigeai donc vers le bataillon de chasseurs d'Orléans qui se trouvait le plus rapproché de l'Isly. Il était commandé par mon compatriote et ami Froment-Coste. « Où vas-tu ? » me dit-il. « Porter un » ordre au colonel Morris », lui répondis-je. « Mais » ce n'est pas commode, tiens, regarde ! », et il me montra, à 3 kilomètres environ sur la rive gauche de l'Isly, nos 500 chasseurs d'Afrique déployés en échelons en face d'un corps considérable de cavalerie marocaine.

» La mission me parut effectivement assez scabreuse, mais il n'y avait pas à hésiter ; il s'agissait d'abord de traverser l'Isly. Or si, dans l'été, les rivières de l'Algérie ont peu d'eau, quelquefois même pas du tout, leur lit est immense et les berges en sont abruptes et très élevées. Heureusement Froment-Coste voulut bien détacher une compagnie qui, du haut de la crête de la berge droite, eut bientôt fait déguerpir les maraudeurs marocains occupés à dépouiller les morts et les blessés tombés en assez grand nombre au passage de la rivière, et dès lors je pouvais la franchir sans grand danger ; je donnai à mon camarade une de ces poignées de main qui équivalent à un long discours et j'arrivai sain et sauf sur la berge de la rive gauche. La cavalerie de Morris me parut plus éloignée encore, effet d'émotion ; mais, ce qui mit le comble à... comment dirai-je ? mes inquiétudes, c'est qu'entre les chasseurs et moi, sur une plaine unie, sans arbres et sans aucun accident de terrain, je vis un groupe de 200 ou 300 Marocains qui semblaient en observation. Je t'avoue franchement que j'aurais bien voulu être ailleurs. Il fallait pourtant exécuter l'ordre que j'avais reçu. Mais comment passer à travers ces diables de Maugrebins ? Tu connais mes sentiments religieux ; je fis une courte et fervente prière, et, retrouvant mon sang-froid, je pris subitement une étrange résolution. Je maintins mon cheval au pas, je remis dans le fourreau mon sabre que j'avais pris en main au passage de la rivière et m'avançai tranquillement (en apparence du moins) dans la direction du groupe de cavalerie marocaine qui, voyant mon allure et mon attitude pacifique, m'examinait avec curiosité. Arrivé à 50 mètres environ des premiers cavaliers, je rassemblai mon cheval et, lui enfonçant les éperons dans le ventre, j'entrai tête baissée dans la troupe marocaine.

» Comment me fut-il possible de la passer, ne me le demande pas ; je ne vis rien. J'entendis de terribles imprécations et grand nombre de coups de feu ; je fus poursuivi par quelques cavaliers, mais en un clin d'œil j'étais hors de leur portée, et j'arrivais auprès du colonel Morris bien plus étonné encore que les Marocains de ma brusque apparition. Ni mon cheval ni moi n'avions la moindre égratignure.

» En poursuivant l'ennemi sur la rive gauche de l'Isly, malgré les ordres formels du maréchal qui avait tant d'intérêt à conserver toute sa cavalerie dans sa main, le bouillant colonel avait commis une grave imprudence ; mais il l'avait héroïquement réparée en tenant tête avec ses 550 chasseurs à plus de 6.000 cavaliers, l'élite de l'armée marocaine, auxquels, après des charges meurtrières, il avait enlevé plusieurs drapeaux, des armes et des chevaux richement harnachés.

» Il me fit aisément comprendre qu'en face d'un ennemi aussi nombreux un mouvement de retraite pourrait amener un désastre, tandis qu'il se faisait fort de repousser victorieusement ses attaques jusqu'au moment où quelques bataillons d'infanterie pourraient faire une démonstration sur la rive gauche de l'Isly.

» Il fallait porter le plus tôt possible à la connaissance du maréchal la situation du colonel Morris. Le retour était plus facile ; les cavaliers marocains qui m'avaient si fortement inquiété étaient allés rejoindre le corps de cavalerie massé en face de Morris. Je pus donc, accompagné par un peloton de chasseurs, traverser le lit de l'Isly et serrer de nouveau les mains à Froment-Coste, auprès duquel je trouvai le général Bedeau, dont l'éloignement de Morris avait attiré l'attention. Dès que je lui eus rendu compte de la situation, il donna l'ordre à un bataillon de zouaves, à un bataillon du 15e léger et au 9e chasseurs d'Orléans de passer l'Isly et de menacer la retraite de la cavalerie marocaine. J'allai bien vite rendre compte de ma mission au maréchal qui, ainsi que m'avait chargé le général Bedeau de le lui demander, lui envoya par un des officiers d'état-major l'approbation des mouvements qu'il venait d'ordonner.

» Je trouvai mon chef et mes bons camarades installés confortablement sous la tente du fils de l'empereur et je me mis à avaler avec eux le thé et les gateaux préparés, le matin, pour ce malheureux prince.

» Nous avions tué ou fait prisonniers 1.200 ou 1.500 Marocains, sans compter, bien entendu, les morts ou les blessés qui avaient été emportés par leurs coreligionnaires.

» Nous avions pris plus de mille tentes, toute l'artillerie, une grande quantité d'armes de toute sorte, plusieurs drapeaux et fait un butin immense. Nous n'avions eu que 250 hommes tués et blessés.

» J'aurais bien d'autres épisodes à te raconter ; mais je ne puis plus écrire et si la température actuelle continue, je ne pourrai plus même penser.

» 58 degrés centigrades sous la tente ! Joins à

cela un siroco soulevant des nuages de poussière, une eau tiède et presque saumâtre, et tu comprendras le désir que nous avons de prendre un peu de repos après cinq mois consécutifs de campagne.

» Dis-moi maintenant que l'armée d'Afrique n'est pas à bonne école.

» Signé : Léon Roches. »

ANNEXE N° 4

Extrait d'une dépêche adressée le 10 février 1860 au Ministre de la marine par le contre-amiral commandant la division détachée à Algésiras.

Alger, le 10 février 1860.

« Monsieur le Ministre,

. . . .

» ... La ville de Tétouan est au pouvoir des Espagnols depuis le 6 février au matin, et il n'y a pas eu d'affaire de guerre depuis la bataille du 4.

» La victoire du 4, qui a fait tomber Tétouan, est due aussi bien au plan du général, que n'auraient pas prévu les Maures, qu'à la vigueur d'attaque des colonnes espagnoles.

» Lorsque, le 14 janvier, l'important succès du défilé du cap Négro eut ouvert la plaine de Tétouan à l'armée espagnole, le général en chef lui fit occuper les mamelons qui dominent cette plaine au nord, en attendant qu'on eut découvert un bon passage dans la direction de la ville. Les Maures, repoussés, s'étaient arrêtés sur les collines qui y conduisent et où on les avait vus campés jusqu'au dernier jour, avec l'intention évidente de s'y maintenir, considérant cette position comme le boulevard de Tétouan. Mais le général en chef espagnol, par des motifs qui ne sont pas tous connus, s'étant décidé bientôt à concentrer son armée entre le fort Martin et la douane, les Maures comprirent que, la position qu'ils défendaient ne se trouvant plus sur la route que devait suivre l'armée espagnole, il leur fallait porter leur principal effort de résistance plus près de cette route, et, en conséquence, ils formèrent un autre camp sur le plateau qui la commande. Ce nouveau camp prit de jour en jour plus d'importance. Le plateau sur lequel il fut établi, et qu'on avait choisi pour en faire la base stratégique de la défense de Tétouan, a seulement de 7 à 8 mètres d'élévation. Il se termine en talus du côté de la plaine que l'armée ennemie ne pouvait se dispenser de traverser à découvert, et, de plus, il est protégé à 50 mètres en avant par un ruisseau fangeux.

» Les Marocains placèrent sept pièces en bronze de 12 et de 18 dans les embrasures ménagées dans l'épaulement qui couronne encore l'escarpement du plateau. D'autre part, ce camp retranché fut relié au camp de la colline par une ligne de défenses secondaires.

» Telle était, monsieur le Ministre, la situation de l'armée marocaine, forte, dit-on, de 35.000 hommes, et commandée par Muley-Abbas et Muley-Achmet, tous deux frères de l'empereur, lorsque le 4 février, au commencement du jour, le général O'Donnel se mit en marche pour aller l'attaquer. Le 3ᵉ corps (Ros de Olano) occupant la gauche et le 2ᵉ corps (Prim) la droite se dirigèrent sur le camp retranché avec cinq batteries de campagne (trente pièces de 12 et de 8 dont la moitié rayées), plus quelques obusiers. Arrivée à bonne distance, l'artillerie se démasqua et ouvrit son feu.

» Pendant ce temps-là, le 4ᵉ corps (Rubin), avait marché vers le camp de la colline et se tenait dans la plaine, menaçant de la prendre en flanc s'il descendait pour appuyer la position attaquée par l'armée espagnole, et ainsi il l'obligea à garder l'immobilité sans brûler une cartouche.

» Au signal de l'attaque, le 3ᵉ et le 2ᵉ corps abordèrent les redoutes à la baïonnette et, malgré une résistance très vive, ils les enlevèrent si rapidement que les Marocains n'eurent pas le temps d'emporter leur bagage de campement ; de mille tentes environ qu'ils comptaient ils en laissèrent huit cents sur le champ de bataille.

» Le général Prim a remarquablement payé de sa personne dans cette affaire : il est entré un des premiers par une embrasure, perçant de son épée, sur la brèche, un Marocain qui venait de le manquer d'un coup de feu ; entraînant sa division, il est allé incontinent culbuter le camp de la colline.

» Cette lutte meurtrière aurait duré quarante-cinq minutes et la déroute de l'armée marocaine était complète. On l'a vue fuyant dans le plus grand désordre vers Tétouan.

» Dans cette bataille, dont le résultat a été la reddition de la place, la cavalerie espagnole n'a pas donné. Entre morts et blessés, les Espagnols y ont perdu 600 et quelques hommes. On ne connaît pas les pertes des Marocains, mais elles sont sans doute fort grandes : il y a très peu de prisonniers.

» Le général en chef a fait camper son armée sur le champ de bataille. Le lendemain, 5 février, une députation de la ville, conduite par un Marocain, agent consulaire de l'Autriche, est venue proposer des conditions pour la reddition de la place, ajoutant que mille Kabyles résolus à la défendre s'y étaient enfermés. Le général O'Donnel a rejeté toute condition et il a fait savoir que si, sous vingt-quatre heures, Tétouan ne s'était pas rendue à discrétion, elle serait prise d'assaut et bombardée. La députation s'est alors retirée, son chef disant que si le drapeau marocain cessait de flotter sur la kasbah, ce serait une preuve que la place se rendait.

» A peine la réponse du général en chef fut-elle connue dans la ville que les Kabyles qui devaient la défendre se mirent à la saccager et la piller. La partie appelée Mellah (quartier juif) surtout portait encore, le 8, les traces de cette rapine soudaine. Les Kabyles n'avaient pas de temps à perdre, car les Espagnols devaient y entrer le lendemain.

» Le 6 février, à la naissance du jour, le général en chef ne vit plus le drapeau du Maroc sur la casbah. Il envoya aussitôt le général Rios avec deux bataillons de sa division pour prendre possession de Tétouan. La porte de l'est en était fermée, mais non gardée ; il la fit enfoncer et pénétra dans la place alors que ses défenseurs fuyaient encore par la porte de l'ouest, emportant le plus de butin qu'ils pouvaient. Le drapeau de l'Espagne fut arboré peu d'instants après sur la casbah. La ville était prise, le général Rios en a été nommé gouverneur. Des mesures d'ordre intérieur et de défense extérieure, arrêtées à l'avance, furent aussitôt mises à exécution. Le peu de familles maures restées en ville n'eurent aucunement à souffrir du soldat espagnol qui, je me plais à le dire bien haut, s'est montré, dans cette circonstance, discipliné autant qu'on l'a vu dévoué dans la longue lutte qu'il a eu à soutenir depuis le commencement des opérations. Pendant cette même journée, une nuée de cavaliers marocains se précipitèrent dans la ville, poussés par l'espoir tardif d'un pillage ; mais reçus par quelques coups de canon tirés de la casbah, ils rebroussèrent chemin et s'enfuirent du côté de Tanger, où ils rallièrent Muley-Abbas.

» Le 8 février, le corps du général Prim était campé sur les pentes occidentales de Tétouan, et de fortes reconnaissances étaient poussées à quelques milles sur la route de Tanger. Le quartier général était établi avec les 3e et 4e corps dans l'est de la ville à petite distance. Une partie de la 5e division occupait son ancien campement près de la douane et aidait au rembarquement de l'artillerie de siège, dont il n'a été fait aucun usage.

» Lorsqu'on songe au temps écoulé et perdu en attendant cette artillerie, dont on paraît n'avoir pas songé à se servir au moment venu de le faire et que l'on rembarqua aussitôt l'action, on est porté à penser que le général espagnol avait de fortes raisons (étrangères à ces pièces de gros calibre) pour ne pas engager la lutte. Se faisait-il, toutefois, une trop haute opinion de la résistance ? N'osait-il pas ? Il ne m'appartient pas de trancher la question.

» On parlait comme d'une chose décidée d'une attaque très prochaine de la place de Tanger. Le général en chef a laissé entendre, dans une audience d'un quart d'heure qu'il a bien voulu donner au commandant de la *Tisiphone* pour le complimenter de ma part, que les difficultés qui devaient rendre trop hasardeuse une marche sur Tanger disparaissaient par le fait de la démoralisation de l'armée marocaine. Un de ses aides de camp est parti le 6 pour Madrid, portant à Sa Majesté la nouvelle officielle de la prise de Tétouan ; tout semble autoriser à supposer qu'il doit annoncer en même temps à Sa Majesté la résolution que le général a prise, par suite des événements, d'aller attaquer simultanément, dans le plus bref délai possible, par terre et par mer, la place de Tanger.

» Cette résolution, née du succès et qu'aucun fait antérieur à la bataille n'explique, apparaît comme une réaction dans l'esprit du maréchal O'Donnel. La prudence, la lenteur des marches depuis Castillejos jusqu'au fort Martin, et des propos tenus, donnaient l'assurance que la prise de Tétouan était le seul but auquel il tendait. Les événements ont modifié son programme, dit-on, et peut-être éloigné la paix...

» L'armée espagnole ne demande qu'à marcher ; son état sanitaire s'améliore, et son enthousiasme est grand ; mais on ne peut se dissimuler qu'il importe que ce mouvement sur Tanger commence au premier jour, car la panique des Maures peut cesser et on les rencontrerait sur cette route, dont on ignore l'état, tout prêts à recommencer la lutte. Ainsi engagée, l'armée espagnole se trouverait compromise si elle éprouvait un échec ; c'est du moins ce que pensent et disent les officiers haut placés dans l'armée à l'appui de l'opinion qu'il faut marcher le plus tôt possible. Des dispositions seraient du reste déjà arrêtées en vue de l'accomplissement de ce projet. Ainsi la 5ᵉ division (Rios) garderait Tétouan et ses communications avec la mer ; pendant que le général en chef avancerait par terre avec les 2ᵉ, 3ᵉ et 4ᵉ corps, l'amiral Bustillos réunirait à Algésiras les bâtiments de combat et se tiendrait prêt à se porter devant Tanger au premier signal.

» La perte des Marocains est évaluée dans l'affaire du 4 à 1.000 hommes tués ou blessés ; mais dès le lendemain des Berbères arrivaient tardivement au secours de Tétouan ; n'y pouvant entrer, ils ont établi leur camp entre cette ville et Tanger...

. . . .

» Le contre-amiral commandant la division d'escadre d'évolution détachée à Algésiras,

» Signé : JEHENNE. »

ANNEXE N° 5

BIOGRAPHIE DU MARÉCHAL O'DONNEL

Il nous a paru non seulement intéressant, mais même nécessaire, d'esquisser la biographie des maréchaux O'Donnel et Prim.

Rien ne peut en effet donner une idée plus exacte de la situation politique en Espagne de 1830 à 1870, et en particulier à l'époque de la guerre hispano-marocaine, que le récit de l'existence de ces deux « faiseurs de rois ou de reines », véritables condottieri du XIXe siècle.

Le maréchal O'Donnel naquit à Sainte-Croix-de-Ténériffe, le 12 janvier 1809. Ses parents étaient d'origine irlandaise.

Vers 1834, c'est-à-dire à l'époque où commença cette longue série de guerres civiles qui, pendant près de quarante ans, devaient ensanglanter cette malheureuse Espagne, on le trouve colonel dans les troupes qui opéraient au nord de la péninsule. En quelques années, il devient brigadier, maréchal de camp, lieutenant-général et reçoit, en cette dernière qualité, le commandement de l'une des armées d'opérations.

En 1841, étant capitaine-général de la Navarre, à l'instigation de la reine Marie-Christine, à qui il était tout dévoué, il prend part à un soulèvement contre le régent Espartero. La conspiration échoue ;

tous les conjurés sont obligés de se réfugier en France.

A la chute du régent, O'Donnel rentre en Espagne et obtient la capitainerie générale de l'île de Cuba, où il reste jusqu'en 1849. (On l'a accusé d'y avoir amassé une fortune scandaleuse.)

Rentré en Espagne pour remplir les fonctions de directeur général de l'infanterie, il est appelé au Sénat où il siège sur les bancs de l'opposition.

Mais, comme le célèbre agitateur irlandais dont il porte le nom, O'Donnel ne peut rester inactif ; il conspire donc de nouveau. En 1854, il soulève la cavalerie, quelques bataillons d'infanterie et les entraîne à Vicalvaro, où les troupes du gouvernement viennent lui livrer bataille. Espartero reprend le pouvoir et confère à O'Donnel la dignité de capitaine-général de l'armée, équivalente à celle de maréchal. Il le nomme de plus ministre de la guerre.

La bonne harmonie ne devait pas durer longtemps entre ces deux hommes, autrefois ennemis acharnés. O'Donnel conspire une fois de plus ; en 1856 il contribue, pour une large part, à la chute de l'ancien régent et le remplace comme président du conseil. Mais la milice nationale de Madrid, restée favorable à Espartero, se révolte et l'émeute gronde dans les rues de la capitale. La répression fut pénible ; il fallut même recourir au canon pour en venir à bout.

En 1858, O'Donnel cède la présidence du conseil au maréchal Nervaez et, en 1859, il prend le commandement de l'armée d'Afrique. On a vu son rôle dans le cours de cette guerre. A son retour en Espagne, il reçoit un accueil enthousiaste. La reine Isabelle l'appelle encore deux fois à la présidence du conseil, du 15 janvier au 26 février 1863 et de juin

1865 à juillet 1866. Dans l'exercice de ces fonctions, il a à réprimer deux insurrections et se montre particulièrement dur.

A la suite d'une première conspiration, qui avorte d'ailleurs, mais où se trouvait compromis le général Prim, il demande à la reine la dégradation de son ancien compagnon d'armes en Afrique ; il ne peut cependant l'obtenir. C'est alors qu'il fait fusiller tous les officiers qui avaient pris parti pour Prim, et cela, déclare-t-il, « afin que la tache faite à leurs uniformes soit lavée dans leur sang ». Cette cruauté soulève en Europe une violente désapprobation.

Cela ne l'empêche pas cependant, quelque temps après, le 22 juin 1866, de comprimer par des fusillades en masse une nouvelle révolte militaire.

Il meurt à Biarritz le 6 novembre 1867.

ANNEXE N° 6

BIOGRAPHIE DU MARÉCHAL PRIM

Le maréchal Prim, comte de Reus, marquis de Castillejos, naquit à Reus le 6 décembre 1814. Dès 1833 il prend part à la guerre civile dite des Sept Ans et cela dans les rangs des partisans de don Carlos : il s'y fait déjà remarquer par son sang-froid et son intrépidité. Mais il ne tarde pas à se rallier au parti de Marie-Christine : en 1837, on le trouve colonel. A partir de ce moment, et on peut dire jusqu'à sa mort, on le voit figurer au premier rang dans toutes les guerres civiles qui ensanglantèrent l'Espagne pendant tout le milieu du xixe siècle. En 1841, il est élu député de Tarragone et à la chute d'Espartero il est nommé brigadier (1843). Pendant quelque temps il voyage, mais à son retour il est accusé de conspiration et condamné à six ans de prison. Gracié au bout de six mois, il est élu député de Vich en 1850, puis de Barcelone en 1851.

En 1853, il est envoyé en mission en Turquie, où il prend part à la guerre contre les Russes. Revenu en Espagne, il est réélu député de Barcelone et, partisan du maintien de la monarchie, se range dans le parti progressiste. En 1858, il est nommé sénateur.

On a vu son rôle dans la guerre hispano-marocaine, 1859-1860. A la suite de la bataille de Castillejos, il reçut le titre de marquis de los Castillejos, avec la dignité de grand d'Espagne.

En 1861, il est mis à la tête des troupes que l'Espagne envoie au Mexique. Il fait preuve, dans cette expédition, non seulement comme par le passé d'une intrépidité sans égale, mais aussi, en tant que chef, d'un sens politique des plus remarquables. Arrivé à Vera-Cruz au commencement de l'année 1862, il se rend compte, d'une façon très nette, de la situation politique et se montre presque immédiatement partisan de l'indépendance du Mexique. Aussi, dès le 29 avril, rembarque-t-il ses troupes et rentre-t-il en Espagne. Sa conduite fut complètement approuvée par le gouvernement espagnol.

Puis de nouveau il se lance dans la politique, échoue dans deux conspirations (1864 et 1866) et se voit obligé de se réfugier à l'étranger. La révolution de 1868, qui aboutit au renversement du trône d'Isabelle, lui permet de revenir ; il y prend même une large part et, le 7 octobre, fait une entrée triomphale à Madrid. Ce jour-là, on entendit sur son passage de nombreux cris de « Vive Prim, empereur ». Ministre de la guerre dans le gouvernement provisoire, il écrase les insurgés républicains et dès lors cherche à mettre sur le trône d'Espagne un prince partisan de la monarchie constitutionnelle. Il songe même à réaliser l'unité ibérique en offrant la couronne au roi de Portugal. Obligé de renoncer à cette grande idée, il se tourne vers le prince de Hohenzollern, ce qui causa la guerre franco-allemande de 1870.

Enfin son choix se porte sur le duc d'Aoste, qui est élu par les Cortès en novembre 1870.

Peu de jours après, le 27 décembre 1870, au moment même où le nouveau roi s'embarque à La Spezzia, Prim est assassiné à Madrid.

Ce meurtre est resté enveloppé d'un certain mystère : officiellement, on ne connaît pas encore les meurtriers ni le motif qui a pu les faire agir.

TABLE DES MATIÈRES

Préface.. 9

L'EMPIRE DU MAGHREB

Situation politique et armée en 1844 et 1859............ 15
Tactique des Marocains au combat, en marche, en station. 22
Marine.. 26

GUERRE FRANCO-MAROCAINE (1844)

Bataille d'Isly... 29
Principaux enseignements tactiques à tirer de la bataille
  d'Isly.. 32
Puissance de l'organisation et de la tactique contre les
  masses qui n'ont que l'avantage du nombre............. 32
Le carré des carrés. — Ses avantages...................... 32
Marches... 36
Phases tactiques.. 37
Union intime des trois armes.............................. 38
Jugement du maréchal Bugeaud sur l'armée marocaine... 39
Légende à laquelle a donné lieu la guerre franco-marocaine
  de 1844... 41

LA GUERRE FRANCO-MAROCAINE (1844) D'APRÈS LES HISTORIENS MAROCAINS.

Causes qui ont amené cette guerre........................ 43
Préparatifs de guerre. — Proclamation de l'Empereur. —
  Conseils d'Abd-El-Kader au fils du Sultan............. 45
Bataille d'Isly... 47
Déroute de l'armée impériale. Conclusion de la paix.... 50

GUERRE HISPANO-MAROCAINE (1859-1860)

Causes de la guerre..................................	53
Rôle de l'Angleterre dans la période qui précéda les hostilités...................................	56
Composition du corps expéditionnaire..................	58
Moyens de transport.................................	62
Concentration.......................................	63
Les Opérations................................	66
I. La défensive : Combats des 19, 20, 21, 22, 23, 24, 25 et 30 novembre, 15 et 25 décembre......................	66
Opérations de la flotte...............................	74
II. L'Offensive.....................................	75
Bataille de Castillejos (1er janvier)...................	76
Le camp de la Faim..................................	77
Combats des 10, 12, 14, 16, 23, 26, 31 janvier 1860......	78
Bataille de Tétouan (4 février)........................	85
Occupation de Tétouan...............................	93
III. Marche sur Tanger..............................	93
Combat de Samsa (11 mars)...........................	95
Préparation de la nouvelle campagne...................	97
Bataille de Vad-Ras (23 mars).........................	99

Considérations stratégiques.

But poursuivi par l'Espagne..........................	107
Considérations sur le choix de l'objectif................	108
Objectif choisi par le général O'Donnel.................	109
Point de débarquement...............................	110
Arrivée successive des différents corps d'armée..........	111
Emploi exagéré de la fortification......................	112
Temporisation inexplicable du général O'Donnel.........	113
Dispersion des forces.................................	113
Lenteur des marches.................................	113
Les troupes n'ont pas de vivres régimentaires...........	114
Nouvelle inaction du général O'Donnel avant et après la prise de Tétouan..................................	114
Pourquoi l'armée espagnole marcha sur Tanger..........	115
Pourquoi elle n'a pas débarqué directement devant Tétouan..	117
Raisons qui ont empêché les Espagnols, une fois débarqués à Ceuta, de marcher immédiatement sur Tanger........	117

TABLE DES MATIÈRES

Considérations tactiques.

Dans cette guerre, les Espagnols s'inspirèrent beaucoup plus de la tactique européenne que des procédés employés dans nos guerres d'Algérie	119
Tactique générale.	121
Tactique de combat (infanterie, cavalerie, artillerie, génie).	122
Tactique de marche.	127
Tactique de stationnement.	130

La guerre hispano-marocaine (1859-1860) d'après les historiens marocains.

Causes de la rupture de la paix	133
La guerre est déclarée	135
Combats autour de Ceuta	136
L'armée espagnole prend l'offensive.	137
Elle marche sur Tétouan	138
Les Espagnols atteignent l'oued Azmir	140
État d'âme des musulmans.	141
Combats aux environs de Tétouan	142
Bataille de Tétouan.	143
Les Marocains évacuent Tétouan.	144
Entrée des Espagnols à Tétouan	145
Ouverture, puis rupture des négociations.	147
Combat de Samsa.	148
Bataille de Vad-Ras.	149
Négociations en vue de la paix	151
Les conditions de la paix	152

OPÉRATIONS MARITIMES............ 153

CONCLUSIONS.................. 157

ANNEXES

N° 1. — Lettre adressée par le maréchal Bugeaud au ministre de la guerre la veille de la bataille d'Isly.........	161
N° 2. — Rapport officiel du maréchal Bugeaud sur la bataille d'Isly.....................................	164
N° 3. — Lettre de l'interprète Léon Roches relatant la bataille d'Isly.....................................	176
N° 4. — Lettre du contre-amiral Jehenne relative à la guerre hispano-marocaine................................	189
N° 5. — Biographie du maréchal O'Donnel.............	196
N° 6. — Biographie du maréchal Prim.................	199

CROQUIS

Carte du Maroc.....................................	16
Bataille d'Isly.....................................	30
Le carré des carrés.................................	34
Environs de Ceuta..................................	65
Région comprise entre Tanger, Ceuta et Tétouan.........	81
Bataille de Tétouan.................................	89
Bataille de Vad-Ras.................................	100

GRAVURES

Portrait du maréchal Bugeaud.
Bataille d'Isly.
Vue de Tétouan.

Paris et Limoges. — Imp. et lib. militaires H. CHARLES-LAVAUZELLE.

Librairie militaire Henri CHARLES-LAVAUZELLE
Paris et Limoges.

Général PÉDOYA. — *L'armée n'est pas commandée.* — Brochure in-8° de 40 pages. . . . . » 75

Général PÉDOYA. — *Recrutement et avancement des officiers (armée active et réserve).* — Volume in-8° de 216 pages. . . . . 3 »

Général PÉDOYA. — *La loi de deux ans, ses erreurs.* — Brochure in-8° de 62 pages. 1 25

Général PÉDOYA, commandant le 16ᵉ corps d'armée. — *Recueil de principes tactiques* (service de marche, combats offensifs et défensifs, poursuites et retraites, service des avant-postes). — Volume in-8° de 280 pages, broché. . . . . 4 »

Général DE BEAUCHESNE. — *Stratégie et tactique cavalières.* — Volume in-8° de 102 pages. . . . . 3 »

Général TROCHU. — *L'Armée française en 1867.* — Volume in-8° de 128 pages. . . . . 2 »

Général TRICOCHE. — *Le service de deux ans.* — Brochure in-18 de 40 pages. . . . . » 75

Général HARDY DE PÉRINI. — *Afrique et Crimée (1850-1856). Historique du 11ᵉ léger (86ᵉ de ligne)*, avec préface d'A. Mézières, de l'Académie française. — Volume in-8° de 210 pages, orné d'un portrait du général et de 5 croquis hors texte. . . . . 5 »

Général LANGLOIS, membre du Conseil supérieur de la guerre. — *Conséquences tactiques des progrès de l'armement. Étude sur le terrain.* — Volume in-8° de 90 pages avec 8 croquis coloriés hors texte et une carte mesurant 0ᵐ,76×0ᵐ,58. . . . . 3 50

Général H. LANGLOIS, membre du Conseil supérieur de la guerre. — *Enseignements de deux guerres récentes : guerres turco-russe et anglo-boer.* — Volume grand in-8° de 240 pages, avec 4 cartes hors texte. . . . . . 5 »

Général LANGLOIS, ancien membre du conseil supérieur de la guerre. — *Dix jours à l'armée suisse.* — Volume in-18 de 124 pages, avec un croquis hors texte. . . . . 2 »

Capitaine LE ROND. — *Le canon à tir rapide et l'instruction de l'artillerie*, avec préface de M. le général LANGLOIS, ancien membre du Conseil supérieur de la guerre. — Volume in-8° de 76 pages avec 2 croquis hors texte. . 2 »

Capitaine LE ROND, officier d'ordonnance du général LANGLOIS. — *Préparation de l'artillerie à la bataille* (écoles à feu en pleins champs), avec préface du général LANGLOIS, membre du Conseil supérieur de la guerre. — Volume in-8° de 124 pages, avec 10 cartes hors texte. 3 50

Général DAUDIGNAC. — *Les réalités du combat : Défaillances, Héroïsmes, Paniques.* Conférences pour les officiers. — Volume in-8° de 156 pag. 3 »

Général PIERRON. — *La Stratégie et la Tactique allemande au début du vingtième siècle* (3ᵉ édition). — Volume in-8° de 580 pages, avec 34 croquis dans le texte. 7 50

Général PIERRON. — *Guide pour le dressage de l'infanterie en vue de la guerre ou Recueil des questions posées aux sous-officiers, caporaux et soldats, avec les solutions.*
    1ʳᵉ partie. — Volume in-32 de 224 pages. 1 25
    2ᵉ partie. — Volume in-32 de 202 pages. 1 25

Commandant Georges GUIONIC, du 69ᵉ régiment d'infanterie. — *De Bourges à Villersexel (20 décembre 1870 — 10 janvier 1871).* — Volume in-8° de 268 pages, avec 8 croquis et une carte d'ensemble. . . . . 4 »

Lieutenant-colonel FAURIF. — *De l'influence du terrain sur les opérations militaires.* — Brochure in-8° de 28 pages. . . . . 1 »

Librairie militaire Henri CHARLES-LAVAUZELLE
Paris et Limoges.

Colonel CARDINAL DE WIDDERN. — *Journées critiques.* — *Crise de Vionville.* Actes d'initiative des commandants de corps d'armée, des états-majors et d'autres chefs en sous-ordre, dans les journées des 15 et 16 août 1870, traduit de l'allemand par le commandant RICHERT. — Volume in-8° de 244 pages, avec 2 croquis dans le texte et une carte hors texte (70×66°.), des environs de Metz... 4 »

Général ZURLINDEN, ancien ministre de la guerre. — *Hautes études de guerre.* — *Haut commandement.* — *Avancement.* — Volume in-8° de 144 pag. 3 »

Général LAMIRAUX. — *Etude sur le fusil modèle 1886 et sur son rendement dans le tir individuel et dans le tir collectif.* — Volume in-8° de 384 pages, avec 23 croquis... 5 »

Général LAMIRAUX. — *Etudes pratiques de guerre.*
   Tome I (4° édition). — Volume grand in-8° de 314 pages, accompagné de 20 croquis ou cartes dans le texte, broché.............................. 6 »
   Tome II. — Volume grand in-8° de 448 pages, accompagné de 46 croquis, broché.. 8 »

Général LAMIRAUX. — *Etudes de guerre : la manœuvre de Soult* (1813-1814). — Volume grand in-8° de 482 pages, avec 15 croquis dans le texte. 8 »

Général LAMIRAUX, ancien commandant de l'Ecole supérieure de guerre. — *Etude critique du Projet de règlement sur l'exercice et les manœuvres de l'infanterie.* — Volume in-18 de 180 pages...................... 3 »

Général LE JOINDRE. — *Tirs de combat individuels et collectifs.* (2° édition mise à jour). — Volume in-8° de 144 pages, 20 figures, broché......... 3 »

Général PHILEBERT. — *En vue de la guerre.* — Volume in-18 de 140 pages... 2 »

Général PHILEBERT. — *La 6° brigade en Tunisie*, orné d'un portrait du général, de 18 gravures et d'une carte en couleurs hors texte du théâtre des opérations. — Volume in-8° de 232 pages, broché............... 5 »

Général H. CREMER. — *Arbitrages et conventions de manœuvres.* — Brochure in-8° de 24 pages avec 2 croquis dans le texte............ 0 60

Général LUZEUX. — *Notre politique au Maroc.* — Volume in-8°........ 3 50

Général LITZMANN, ancien directeur de l'Académie de guerre de Berlin. — *Thèmes tactiques et jeu de la guerre.* Contribution à l'Instruction tactique de nos officiers. Comment poser et résoudre des thèmes tactiques. Introduction à la pratique du jeu de la guerre, traduit de l'allemand par le capitaine CORTEYS, du 140° régiment d'infanterie. — Volume in-8° de 214 pages, avec 3 cartes hors texte, broché.. 5 »

Général LITZMANN, ancien directeur de l'Académie de guerre de Berlin. — *Exercices de service en campagne pour officiers.* Préparation et Direction. Critique par le Directeur. Compte rendu par les chefs de parti, traduit de l'allemand avec l'autorisation de l'auteur, par A. G. Volume in-8° de 162 — XVI pages, avec trois croquis et une carte hors texte.. 4 »

Général MARTYNOV, de l'état-major russe. — *Quelques leçons de la triste expérience de la guerre russo-japonaise.* — Volume in-8° de 122 pages.. 2 »

Commandant PAINVIN, de la Section technique de l'infanterie. — *Règlement de manœuvres du 23 novembre 1906 de l'infanterie japonaise* (1re partie), traduction. — Brochure in-8° de 76 pages, avec 4 planches dans le texte... 1 50

Le catalogue général de la Librairie militaire est envoyé gratuitement à toute personne qui en fait la demande à l'éditeur Henri CHARLES-LAVAUZELLE.

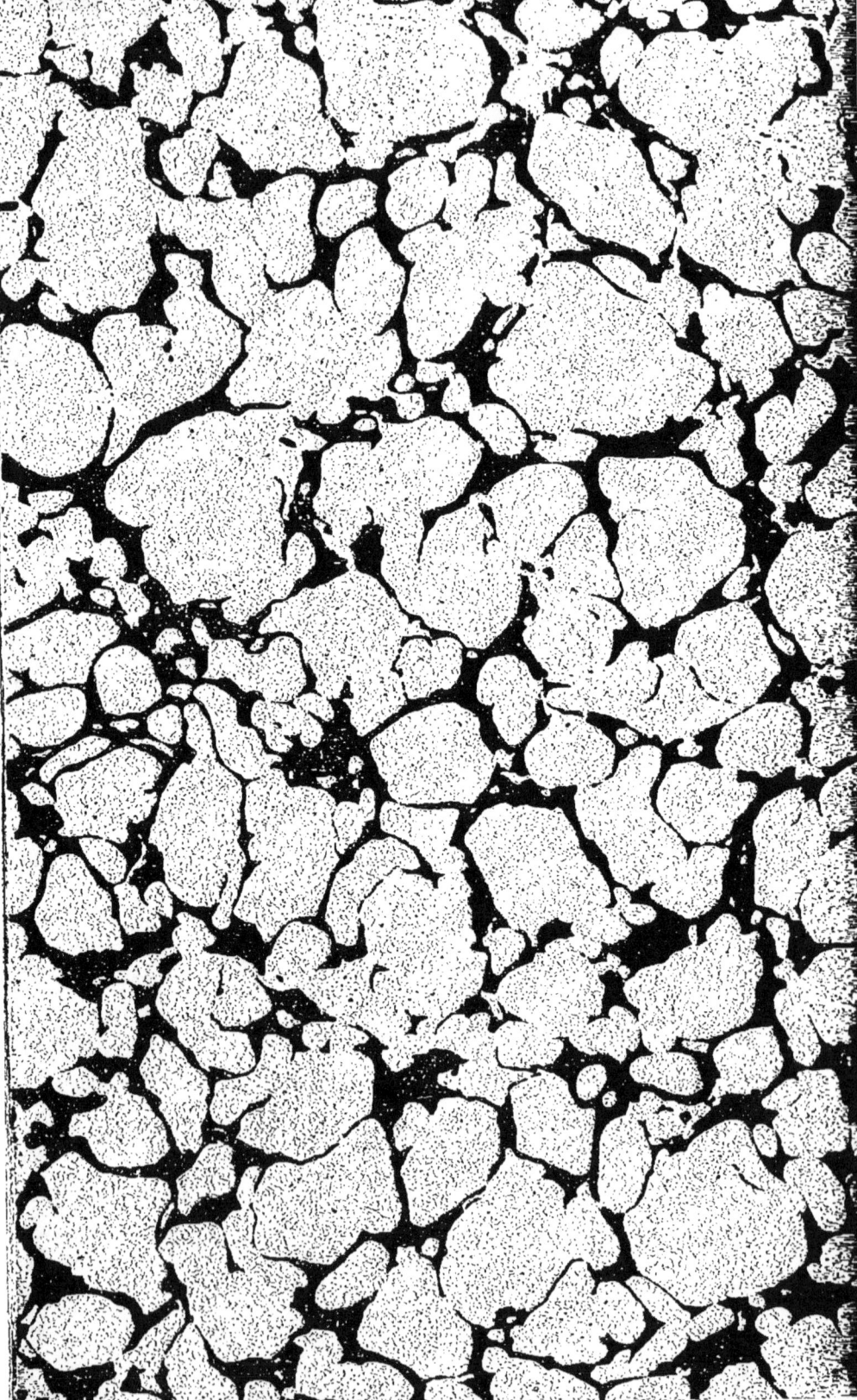

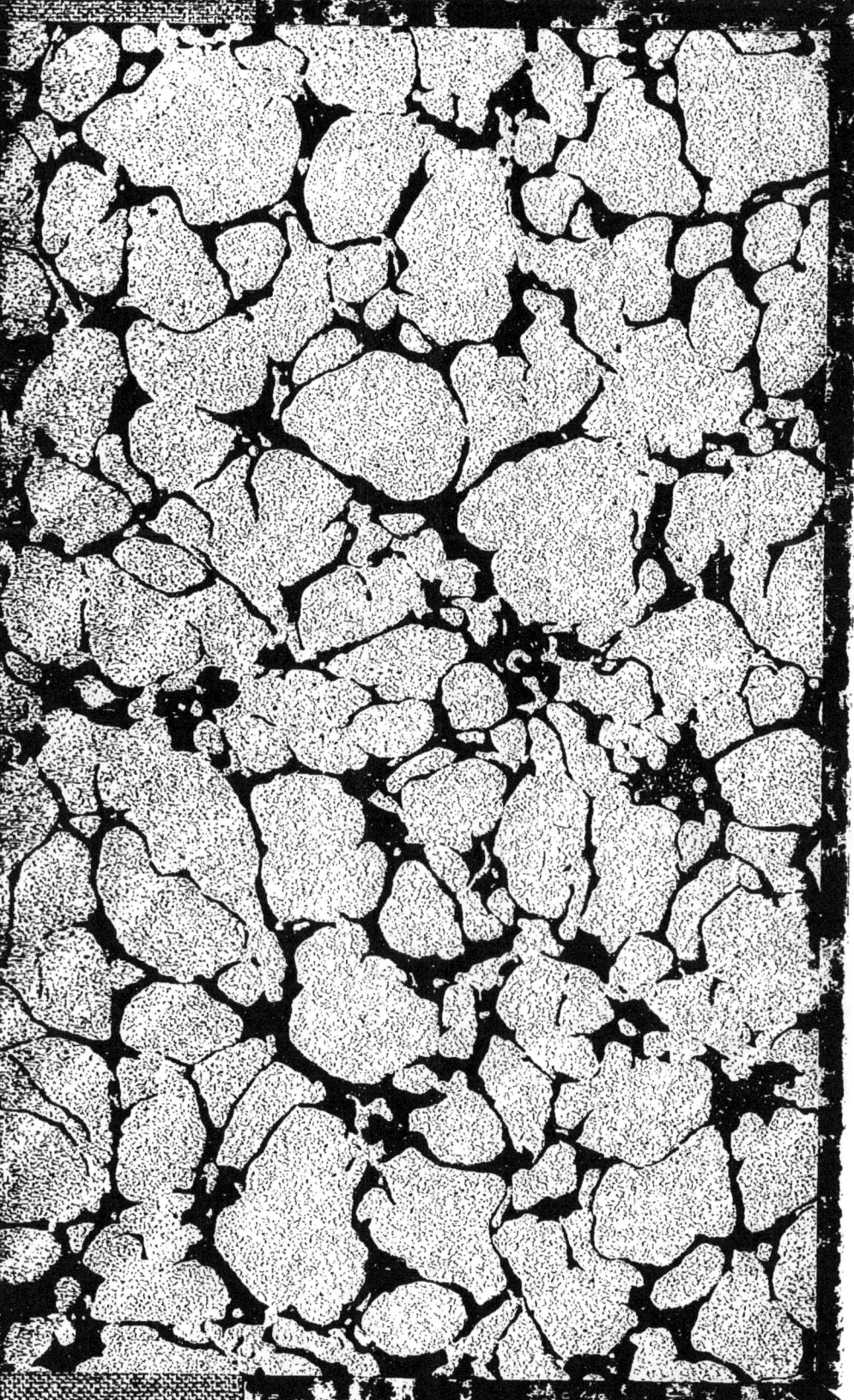

www.ingramcontent.com/pod-product-compliance
Lightning Source LLC
Chambersburg PA
CBHW071945160426
43198CB00011B/1557